JN114221

新しくなって、不思議さと楽しさがアップした のび〜るシアターへようこそ！

新しいのび〜るシアターとは

絵を見せる

伸びて変わる

また変わる！

絵が伸びて変わる、
歌あり、おはなしあり、
マジックありの、
ショートシアターです

お誕生会12か月のび～るシアター

演じ方の例

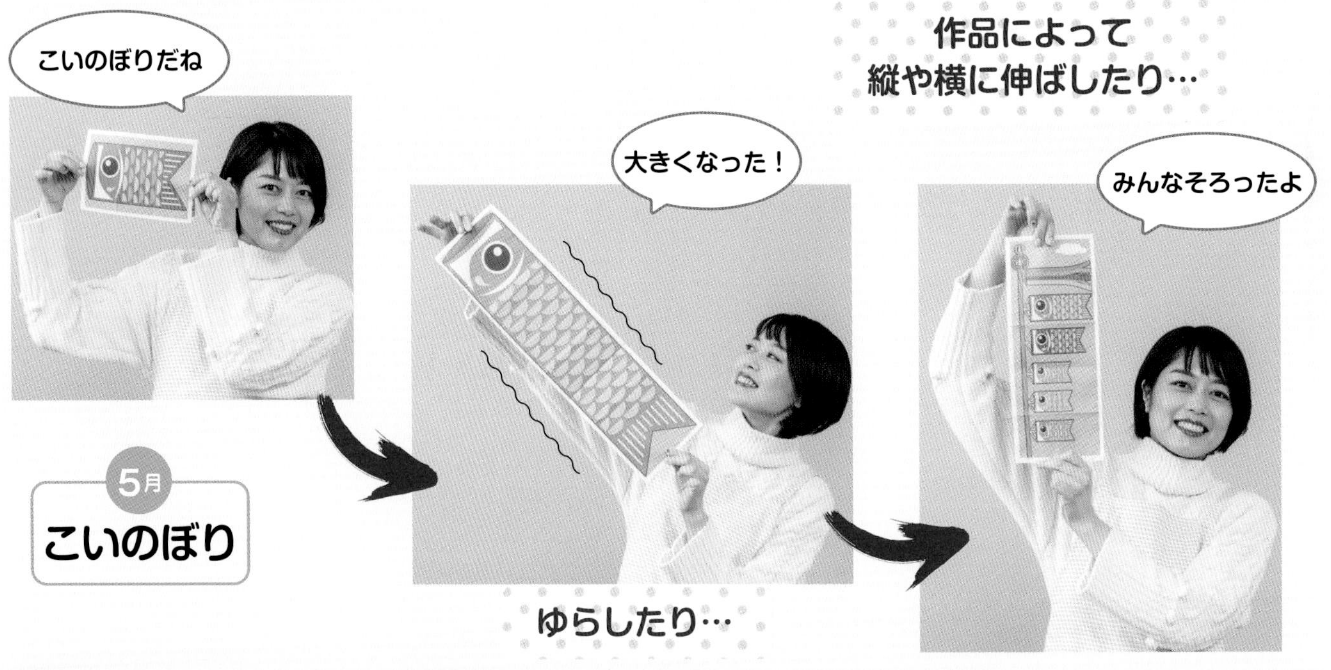

歌あそびのび～るソングシアター

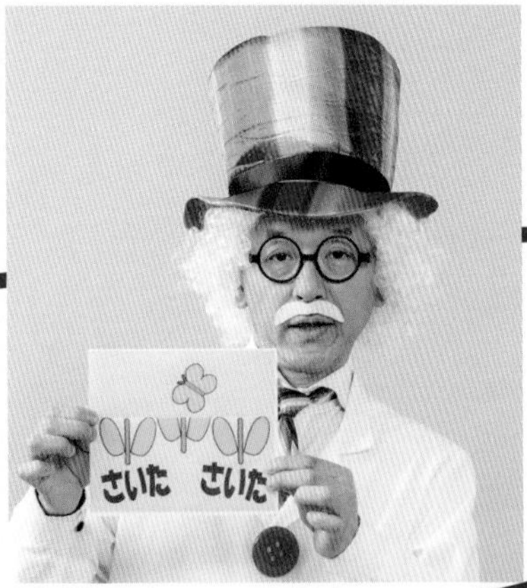

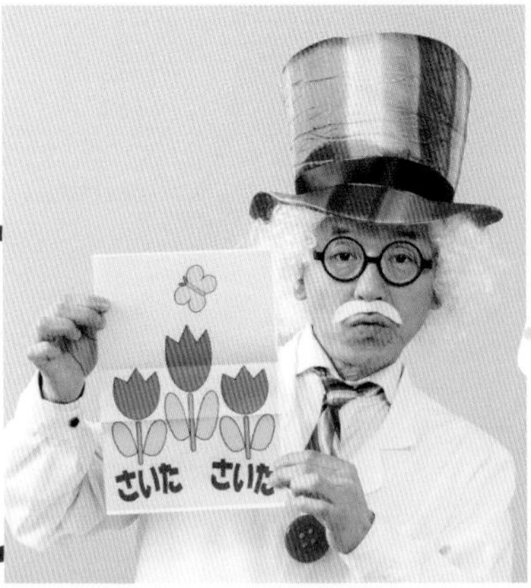

たたんで開いて
あら不思議

歌に合わせて
くるくる変化！

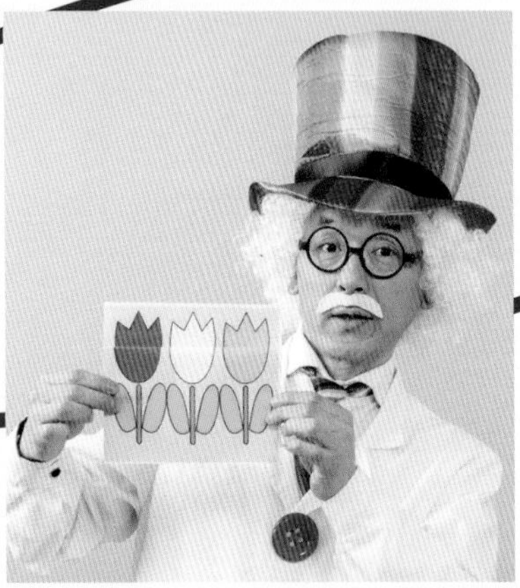

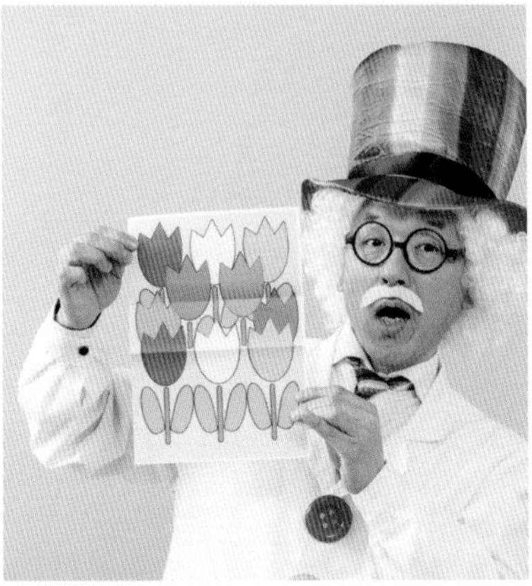

月ごとのお誕生会を盛り上げよう

9月
うさぎ

動きをつけて演じると、
より効果的！

初めてで不安、自信がないという方は…
まずはこれから始めてみませんか

シンプルのび～る&メッセージ

ワンアクションで
すぐできます

ミニミニのび～るシアター

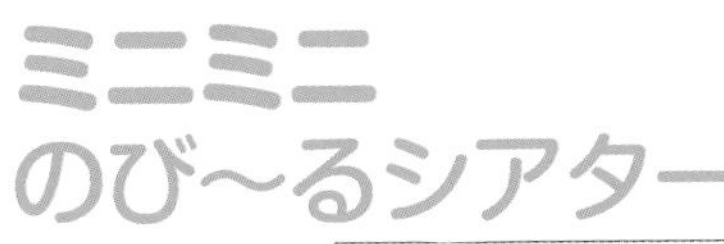

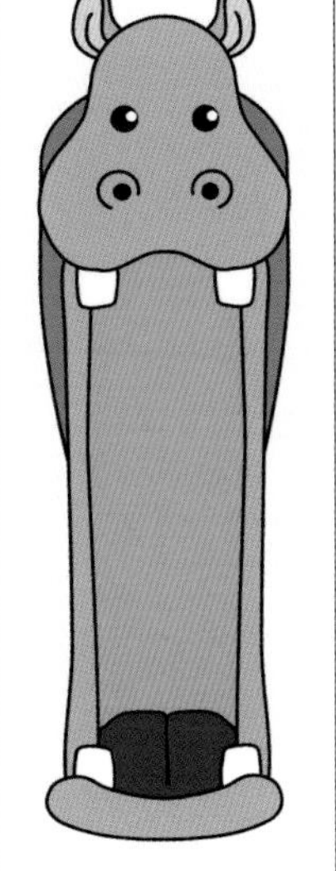

おまじないの合言葉は…

お誕生会12か月のび〜るシアター

おはなし仕立てや歌に
合わせて演じましょう

3月　うれしいひなまつり

→p36

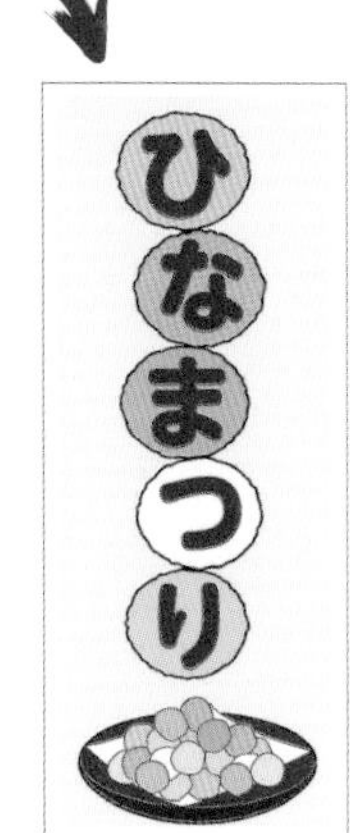

みんな
きちんと
整列〜！

4月 ちょうちょう

→p37

菜の花畑が
広がった！

5月 こいのぼり

→p38

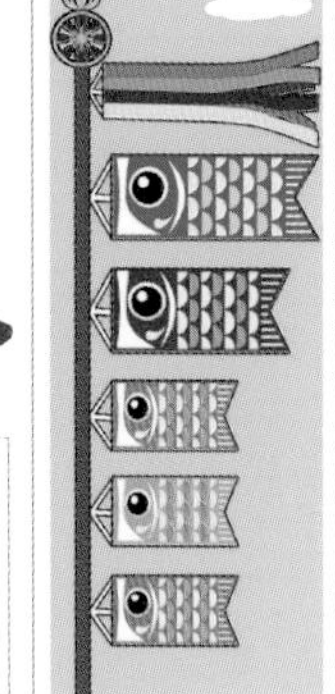

親子でなかよく
泳いでる

6月 かえるの合唱

→p39

ジャンプして
大合唱

7月 たなばたさま

→p40

願いごと
かなうといいね！

8月　おばけなんてないさ

→p41

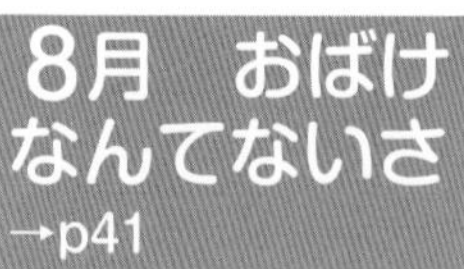

みんな大好き、
おばけが大集合

9月 うさぎ
→p42

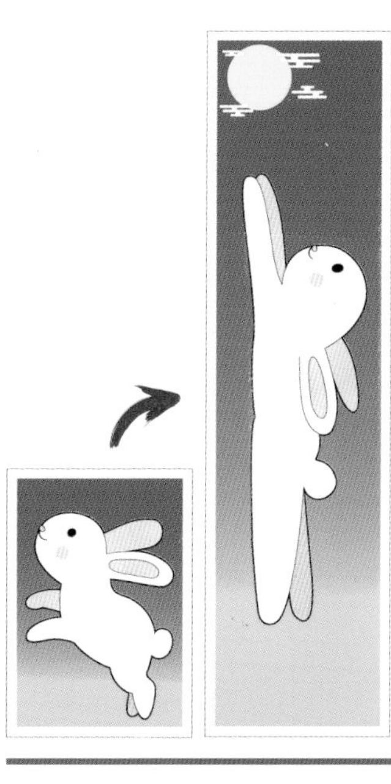

お月さままで
ジャ～ンプ！

10月 いもほり
→p43

力を合わせて

どっこいしょ！

11月 どんぐりころころ
→p44

歌にそって流れる
ような展開！

12月 あわてんぼうのサンタクロース
→p45

おはなしをアレンジ
して楽しんでね！

1月 もちつき
→p46

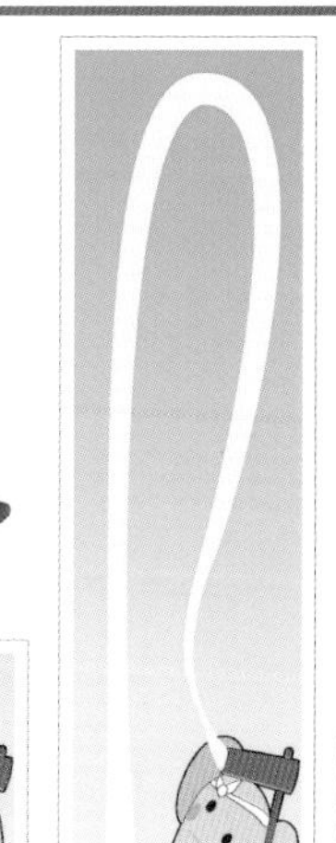

ぺったんぺったん、
リズミカルに！

2月 まめまき
→p47

鬼は～外、

福は～内！

スペシャルのび～る

お誕生会ほか、いろいろな場面で使えます

ケーキ

→p48

好きなメッセージを書きこんで

おたんじょうびおめでとう！

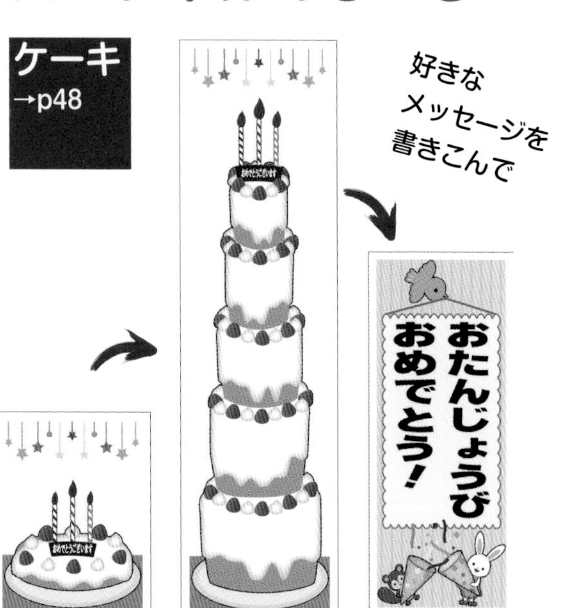

虹

→p49

好きなメッセージを書きこんで

おめでとうございます

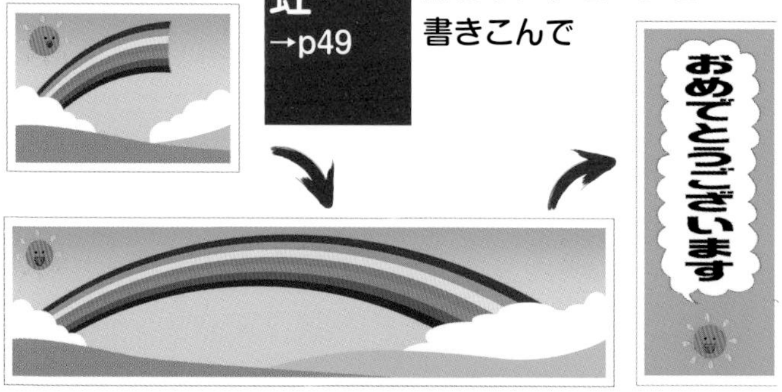

アコーディオン

→p50

お誕生会の前、

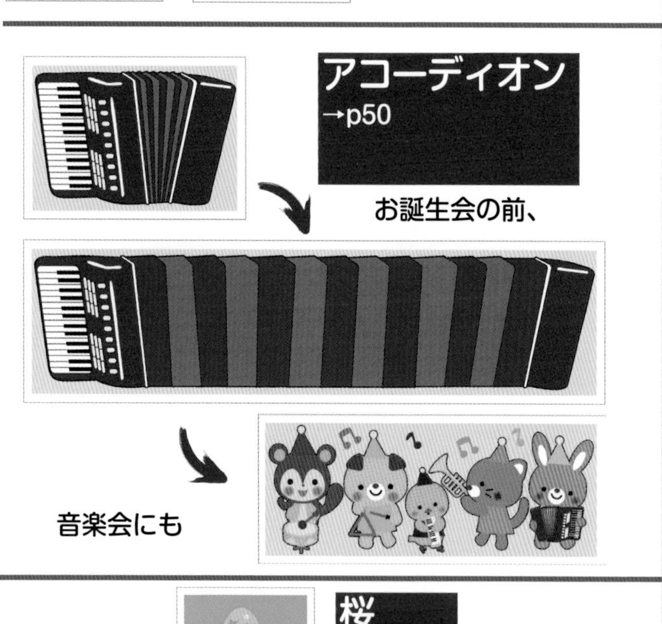

音楽会にも

ふうせん

→p51

すこやかな成長を願って

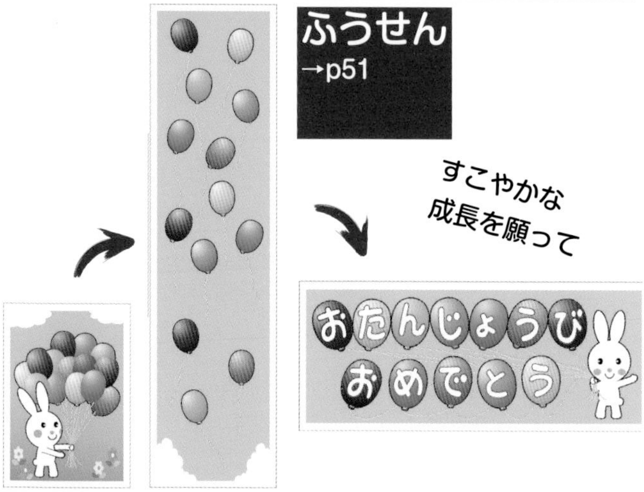

おたんじょうび
おめでとう

桜

→p52

春の行事の出しものにもいいね！

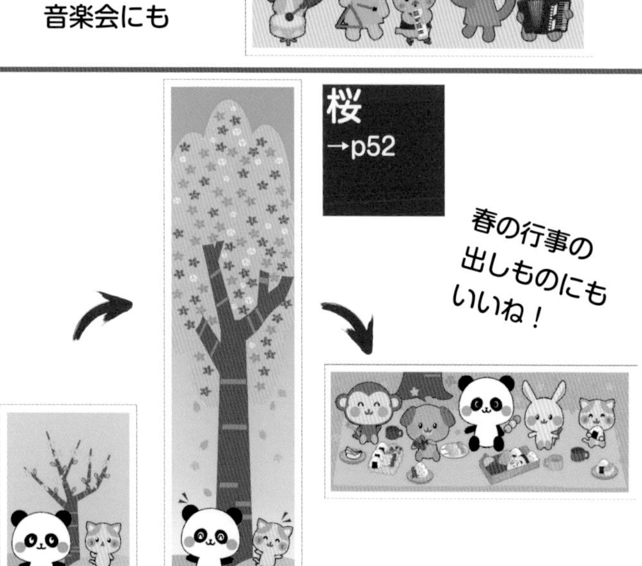

卒園

→p53

旅立ちの日のお祝いに

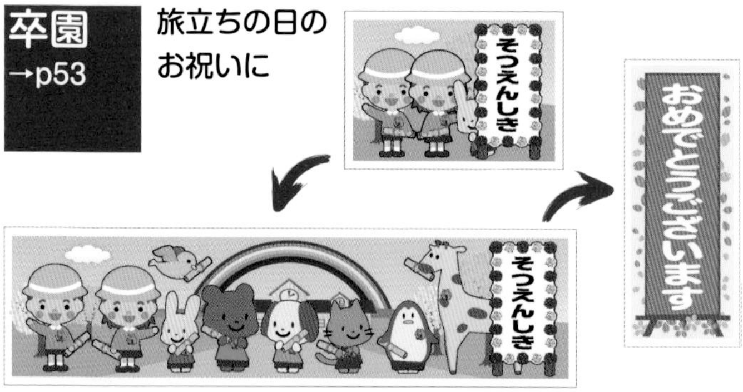

そつえんしき
おめでとうございます

入園

→p54

みんな、今日からよろしくね！

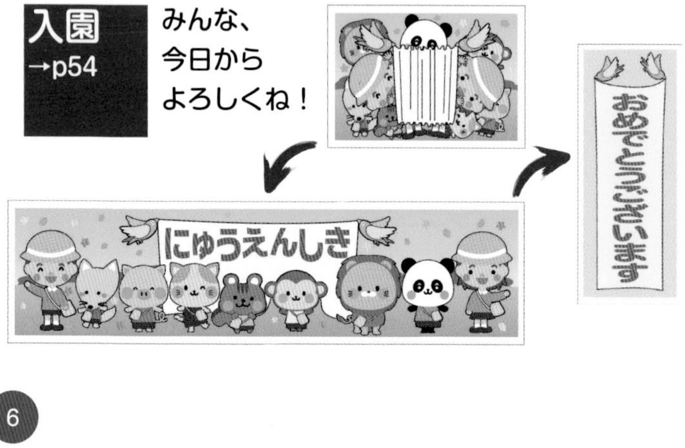

にゅうえんしき
おめでとうございます

シンプルのび～る＆メッセージ

折りも演技もかんたんです。まずはこれから！

メッセージ付きバージョンもあるよ！

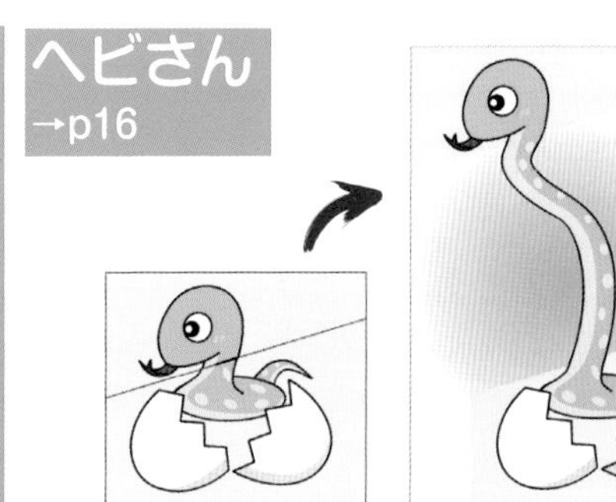

ミニミニのび～るシアター

伸びる長さ控えめ、のび～るシアターの
シンプルバージョンです。

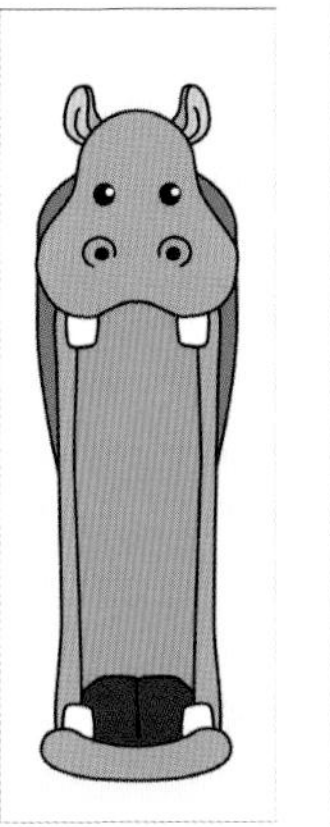

カメレオン
→p26

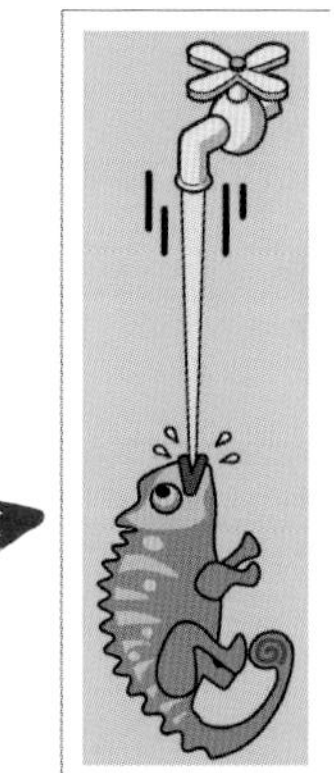

かきぞめ
メッセージ
→p27

不思議なじどう
はんばいき
→p28

本物の
缶コーヒー
が出現！

歌あそびのび～るソングシアター

歌とマジックの素敵なコラボ！
歌詞にそって絵が展開します。

むすんでひらいて →p57

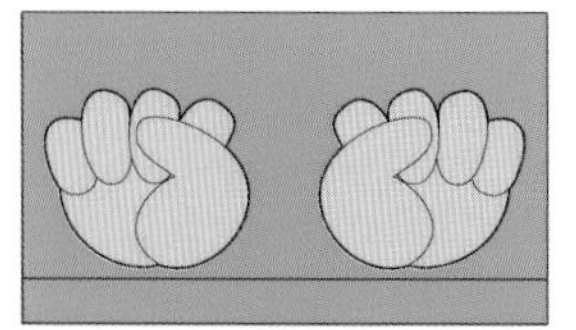

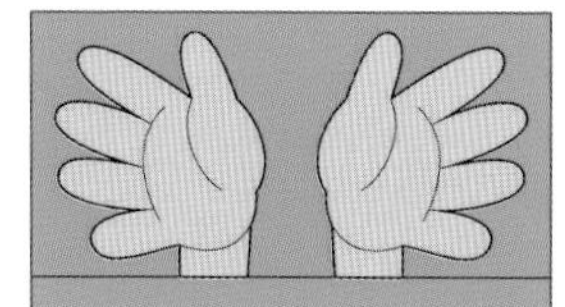

ぞうさん →p59

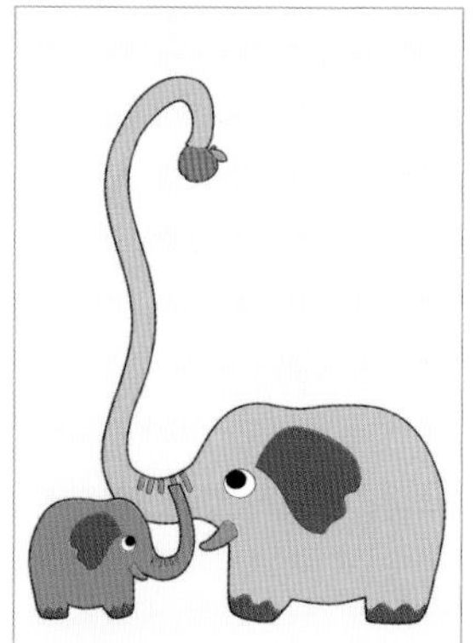

チューリップ →p60

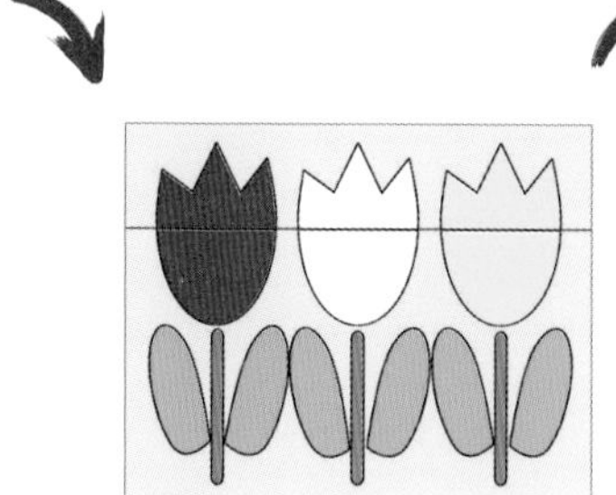

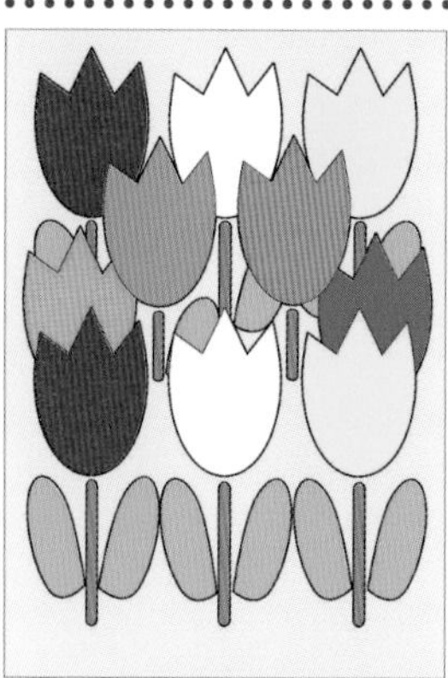

ぶんぶんぶん →p61

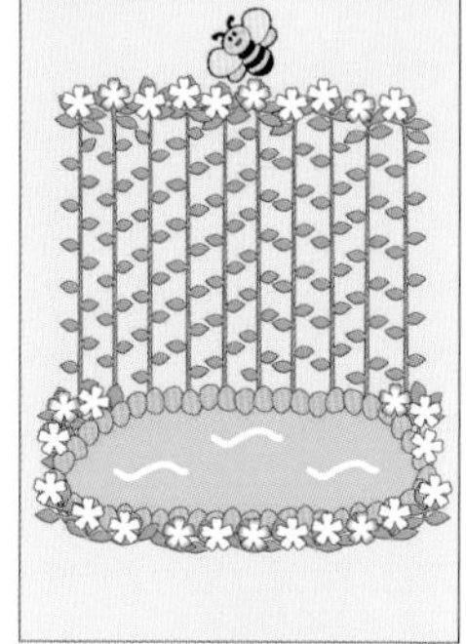

藤原邦恭

いかだ社

はじめに

のび～るシアター（ハッピーお誕生会12か月）とは…

１枚の絵が伸びて変わる、ショートシアターです。

これは「子どもたちが楽しめ、保育の現場（特にお誕生会）で使いやすいもの」を念頭に置き、３つの要素を持って生まれました。それは…

○かんたんなマジック
○おり紙工作
○保育のシアターあそび・歌あそび

2019年に出版した前作『のび～るシアター』は、子どもが好きな絵（動物や食べもの、乗りものなど）が伸びて変化する、といった保育の現場で広く使える内容でした。その後『ハロウィン＆クリスマスのびのび大作戦』と続き、今回は…

保育のメイン行事とも言える「お誕生会」にスポットを当て、その出しものとして考え、楽しさの種類もパワーアップされています。

それは「伸びる現象」でくくりつつも、瞬間芸から歌にピタリ合わせるシアターまで、おもに４種類別になっています。

○シンプルのび～る…ワンアクションで超かんたん！
○ミニミニのび～る…紙1枚で、伸びて変わる！
○お誕生会12か月…伸びて変わる・さらに変わる！驚きの進化！
○歌あそびのび～る…歌いながら伸び展開！

そしておまけとして…紙を使わない、**のび～るマジック**も！

比較的やさしい順番に紹介していますが、好みや現場に合ったものから取り組んでいただいて結構です。

本書が楽しいお誕生会の一助となれば幸いです。また、子どもたちがのびのび育ちますように。

藤原邦恭

この本の使い方

①作品を知る

各章の見出しと、各作品のタイトルまわりに説明がありますので、そちらをご覧ください。

②作品を用意する

付属のCD-ROMから型紙をプリントアウトし、各作品の解説に沿って工作してください。CD-ROMからはフルカラー（作品によってはメッセージ付き）と線画が選べます。

③演じ方をマスターする

それぞれ方法の欄をご覧ください。最初は慣れるのに練習が要りますが、章ごとにほぼ共通の動きです。ひとつ覚えればその後は負担なくできるでしょう。

「いかだ社遊びの本の出版社」YouTubeチャンネルには「のび～るシアター」の各演技動画もありますので、そちらもご参照ください。

いかだ社遊びの本の出版社
YouTube

④現場に合った見せ方を考える

本書の演じ方、おはなしなどのマニュアルは一例としての紹介です。実際の現場では、それらを参考によりよい方法を生み出してください。

⑤おまじないをみんなで

のび～るシアターの魅力は、見ている側（３歳児以上）も毎回参加するおまじないです。ストーリーや現象に注目しながらも、ポイントでは声を出し、体を動かす。こうした集中と盛り上がりが繰り返されます。これは一部の絵本の読み聞かせではありましたが、普通のマジックにはなかったことでした。下の写真を参考に、まず最初にみんなで練習するところから入るとよいと思います。競って元気よくやってくれるでしょう。作品によって（特に歌いながら演じる場合など）は毎回行う必要はありません。

これが〈のび～るシアター〉のおまじない！
みんなで一緒に

もくじ

シンプルのび〜る＆メッセージ

もうすぐお誕生会。何をやろうかな？
「初めてなので自信がない」
「準備や練習する時間が…」
とお悩みの皆さん。そんな時は、まず
この〈シンプルのび〜る＆メッセージ〉から始めましょう！
シンプルに紙を伸ばすだけで、絵が変化したり、
お祝いのメッセージが現れます。
また、メッセージを自由に書き込める型紙もあるので、
お誕生会以外にも使えます。
用意するのは片面プリントした型紙１枚のみ。これを４回折れば完成です。
方法も引っぱるだけのワンアクション。超かんたんです。

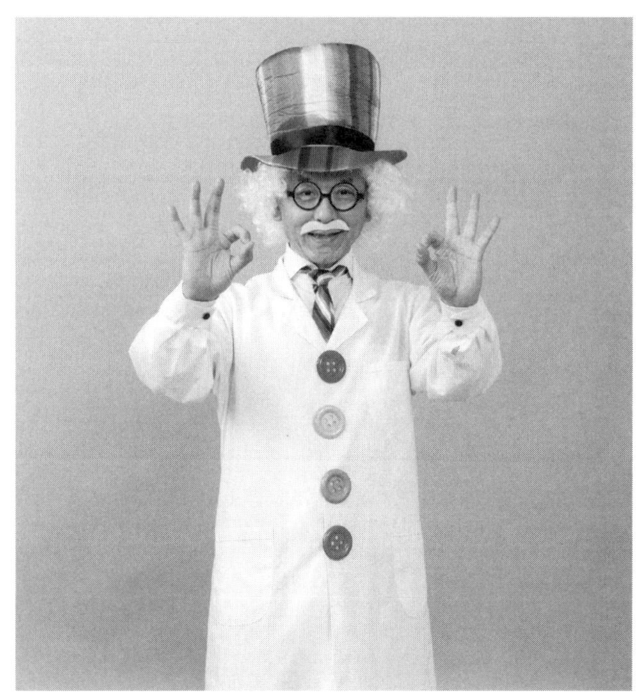

作り方・準備

『キリンさん』を例に　型紙データからプリントしてください。

1 図のように、斜めの線で山折りします。

2 その折り線Aを上の斜め線Bと合わせるように折ります。

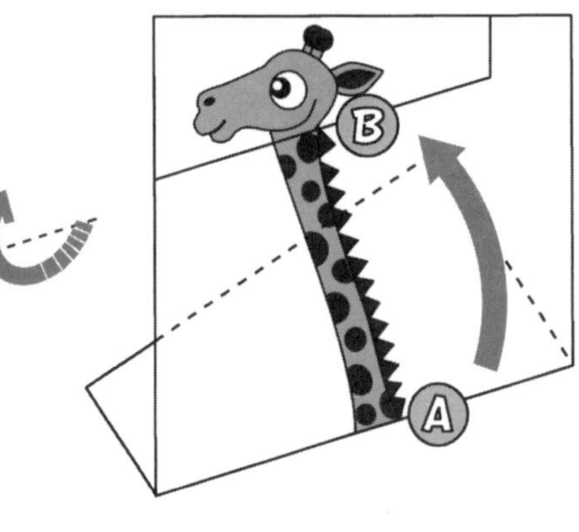

3 左右に出ている部分を裏側へ山折りします。

4 完成、そして準備完了です。

他のタイプの場合

メッセージ（スペース）付き型紙は絵や折りの向きが左右逆ですが、同じ流れで作れます。

キリンさん
ヘビさん
てじなのぼうし
たまてカード
4作品とも
共通ですよ

キリンさん

【首がのび〜る】

キリンは子どもたちに大人気の動物。
首が伸びる変化をやらない手はありません。
〈シンプルのび〜る〉の最初の紹介にもってこいです。
おはなしをふくらませて、いろんな見せ方でお楽しみください。

型紙データは４種類（カラーが３種。標準タイプは線画もあるので、これを使えば塗り絵も楽しめます）
お使いになるものをプリントアウトしてください。

推奨サイズ	A4

作り方	p14を参照

標準タイプ

色付きA／線画D

メッセージ付き

色付きB

メッセージなし

色付きC

方法

1 図のように見せます。

2 斜めに引っぱれば、絵が変わります。

おはなしの例

クイズ形式

①これなーんだ？　動物みたいね。
（子ども）「鹿？　キリン？」
　ではおまじないをかけてみよう！
（みんなで）「のびのび、のびのび、のっびーる！」
②首が伸びた〜。やっぱりキリンさんだ！
　大正解！（あるいは、残念でした〜）

おはなし仕立て

①これなーんだ？　実はキリンさんだけど、何かがちがうね。
（子ども）「キリンさんは首が長い」
　そうだね、ではみんなで首が伸びるようにおまじないをかけてみよう！
（みんなで）「のびのび、のびのび、のっびーる！」
②伸びた〜。キリンさんだ、よかったね！

メッセージ付きで演じる場合（手の位置・持ち方が左右反対になる）

①みんな〜、この動物に注目！
（子ども：様々なリアクション）
　今からこの動物が「おめでとう」を言いたいらしいよ。
　それにはおまじないが必要なんだ。みんなでおまじないをかけてみよう！
（みんなで）「のびのび、のびのび、のっびーる！」
②キリンさんだったね。今月誕生日のお友だち、お誕生日おめでとう！

ヘビさん

【体がのび〜る】

卵からの誕生で始まる『ヘビさん』はお誕生会にピッタリです。伸びる前後の絵に違和感が少ないのが特徴で、かわいらしく伸びる現象を素直に楽しめるでしょう。すぐに使えるメッセージ付きも、ぜひお試しください。

型紙データは４種類（カラーが３種。標準タイプは線画もあるので、これを使えば塗り絵も楽しめます）お使いになるものをプリントアウトしてください。

推奨サイズ	A4

作り方	p14を参照

標準タイプ

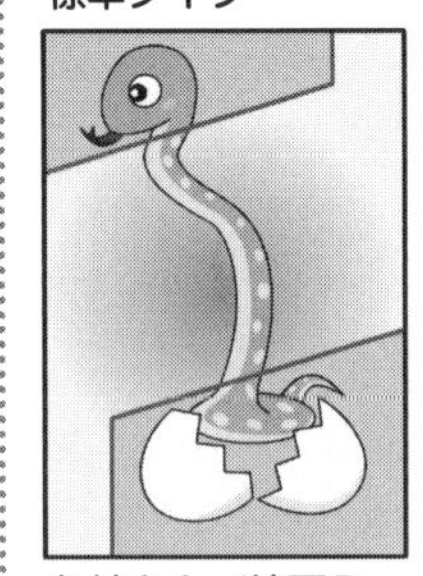

色付きA／線画D

メッセージ付き

おたんじょうび
おめでとう！

色付きB

メッセージなし

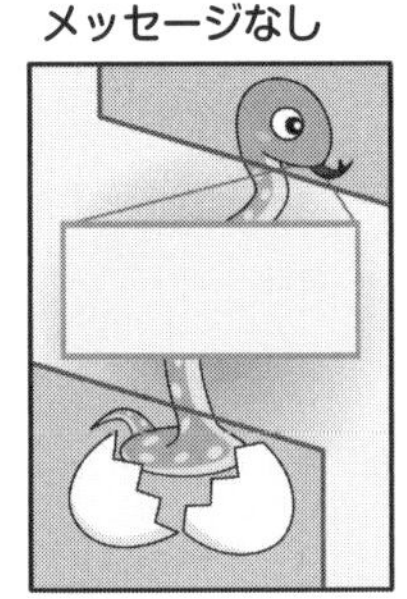

色付きC

方法

① 図のように見せます。

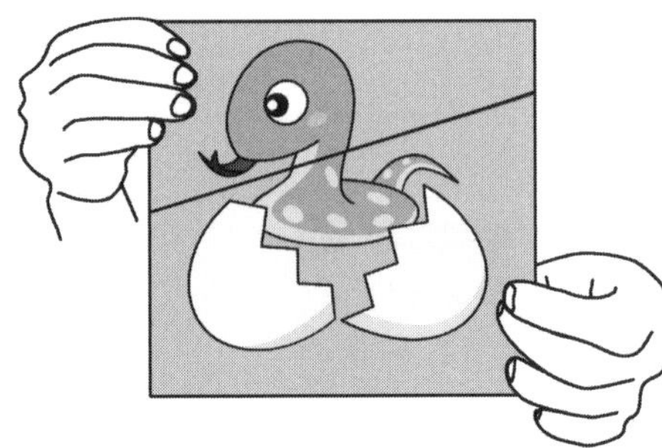

② 斜めに引っぱれば、絵が変わります。

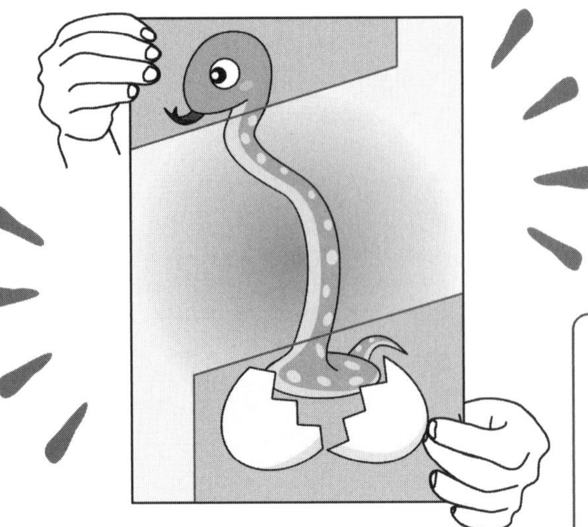

おはなしの例

クイズ形式

①これなーんだ？　生まれたばかりみたいだね。
（子ども）「ヘビの赤ちゃん？」
　ではおまじないをかけてみよう！
（みんなで）「のびのび、のびのび、のっびーる！」
②体が伸びた〜。やっぱりヘビさんだったね！
　大正解！（あるいは、残念でした〜）

おはなし仕立て

①これなーんだ？　そう、ヘビの赤ちゃん。早く大きくなるといいね。
　そうだ、おまじないをかけると何が伸びると思う？
（子ども）「体が伸びる！」
　ではおまじないをかけてみよう！
（みんなで）「のびのび、のびのび、のっびーる！」
②体が伸びた〜。元気いっぱい、よかったね！

メッセージ付きで演じる場合（手の位置・持ち方が左右反対になる）

①みんな〜、この動物に注目！
（子ども：様々なリアクション）
　今からこのヘビさんが「おめでとう」を言いたいらしいよ。
　それにはおまじないが必要なんだ。みんなでおまじないをかけてみよう！
（みんなで）「のびのび、のびのび、のっびーる！」
②ヘビさんが伸びて看板が出たよ。今月誕生日のお友だち、お誕生日おめでとう！

てじなのぼうし

【ハットからうさぎさん】

マジックとクイズの要素を含んでいて、子どもたちの「食いつき」も抜群です。マジックに自信がなくても、これならマジシャン先生になれるかも？
メッセージも自由に書いて、いろんな行事にどうぞ。

型紙データは４種類（カラーが３種。標準タイプは線画もあるので、これを使えば塗り絵も楽しめます）
お使いになるものをプリントアウトしてください。

推奨サイズ	A4

作り方	p14を参照

標準タイプ

色付きA／線画D

メッセージ付き

色付きB

メッセージなし

色付きC

方法

1 図のように見せます。

2 斜めに引っぱれば、絵が変わります。

おはなしの例

クイズ形式

①これなーんだ？　手品で使う帽子だね。耳のようなものが出てるけど、何かいるのかな。
(子ども)「うさぎ？」
　ではおまじないをかけてみよう！
(みんなで)「のびのび、のびのび、のっびーる！」
②やっぱりうさぎさん！
　大正解！（あるいは、残念でした～）

おはなし仕立て

①ここに手品の帽子があります。おまじないをかけると何かが出てくるかもよ～。
(子ども：様々なリアクション)
　ではおまじないをかけてみよう！
(みんなで)「のびのび、のびのび、のっびーる！」
②うさぎさんが出てきました～。マジック大成功！

メッセージ付きで演じる場合（手の位置・持ち方が左右反対になる）

①みんな～、手品の帽子だよ。中から何が出てくるかな？
(子ども：様々なリアクション)
　ではおまじないをかけてみよう！
(みんなで)「のびのび、のびのび、のっびーる！」
②うさぎさんだったね。あれ、メッセージもあるよ。今月誕生日のお友だち、お誕生日おめでとう！

たまてカード
【箱からピエロさん？】

伸びるというより、大きな絵が出る効果が魅力です。
びっくりさせるだけでなく、小さい厚紙で作れば
プレゼントカードにも使えます。2000年発表の『おり紙マジック』
の原点となった歴史的な作品を、あらためてご紹介します。

型紙データは４種類（カラーが３種。標準タイプは線画もあるので、これを使えば塗り絵も楽しめます）
お使いになるものをプリントアウトしてください。

推奨サイズ	A4

作り方	p14を参照

標準タイプ

色付きA／線画D

メッセージ付き

色付きB

メッセージなし

色付きC

方法

①　図のように見せます。

②　斜めに引っぱれば、絵が変わります。

おはなしの例

クイズ形式

①リボンのかかった箱です。中に何が入っているかな？
（子ども）「プレゼント！」
　ではおまじないをかけてみよう！
（みんなで）「のびのび、のびのび、のっびーる！」
②ピエロさんだ！　ビックリ箱だったね！

おはなし仕立て

①これなーんだ？
（子ども）「プレゼントの箱！」
　では箱が開くように、のびるようにおまじないをかけてみよう！
（みんなで）「のびのび、のびのび、のっびーる！」
②わぁ！　ピエロさんが出てきたよ！

メッセージ付きで演じる場合（手の位置・持ち方が左右反対になる）

①みんな～、この箱に注目！
（子ども：様々なリアクション）
　今からこの箱を開いて、「おめでとう」のお祝いを伝えるよ。それにはおまじないが必要なんだけど、いっしょにかけてくれるかな？
（みんなで）「のびのび、のびのび、のっびーる！」
②今月誕生日のお友だち、お誕生日おめでとう！

キャラクターデザイン：カズ・カタヤマ

不思議な応用技
連続変化
【2回変わる】

ここまで「絵が伸びて変化する」と「メッセージが現れる」を紹介しました。シンプルにやるならそれで十分ですが、両方の現象を続けて行うと、より不思議になります。つまり「最初は引っぱると絵が伸び、それをたたんで再び引っぱると、今度はメッセージが現れる」というものです。新たな工作と練習が要りますが、年長～大人まで驚かせたい！という方は、ぜひトライしてみてください。

現象

『キリンさん』を例に（シンプルのび～るの全作品が同様にできます）

1 何の動物かな？

2 首が伸びてキリンに変化！

3 再びたたみ、最初のサイズに戻します。

4 今度はメッセージ付きのキリンに変化！

作り方

1 標準タイプとメッセージ付きの型紙を用意し、裏面どうしを貼り合わせます。

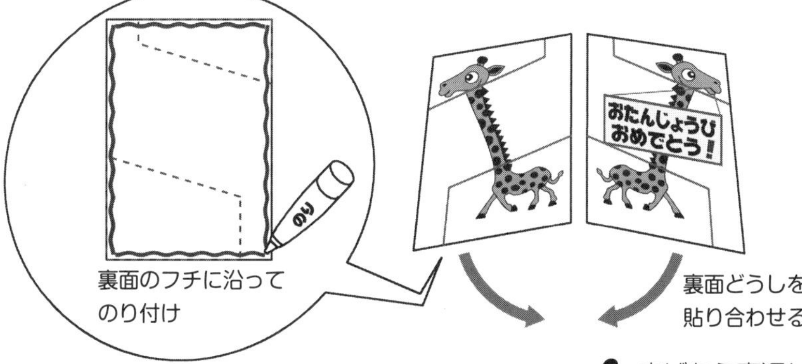

2 どちらかの面を上にして、

3 p14のように折っていきます。そして広げます。

一度折ったら
広げて…

裏返す

4 広げたら裏返し、反対面を上にして折っていきます。これで全ての折りに（山・谷）両方向の折りぐせがつきました。

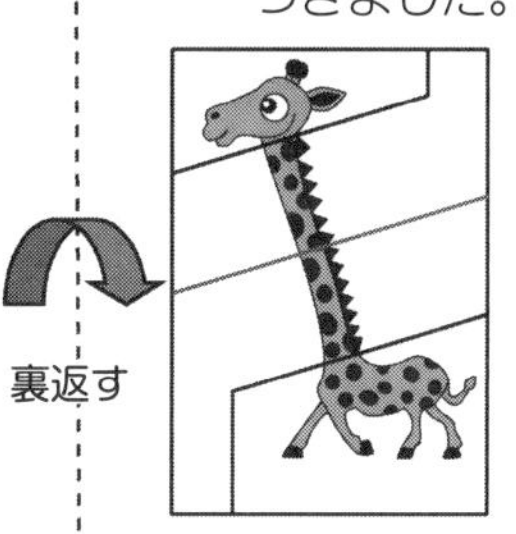

表裏向きを変えて、
再び折る

準備完了

方法

1 図のように見せます。次に、斜めに引っぱると、

2 絵が変わります。次に、まん中の斜め線（谷折り）を山折りにすると、

3 こうなります。次に、全体を右回転して上下を反転させると、

4 こうなります。ほぼ同時に図の位置から山折りすると、

5 こうなります。③④⑤は途切れない動きが理想です。

6 両端のはみ出た部分を山折りします。

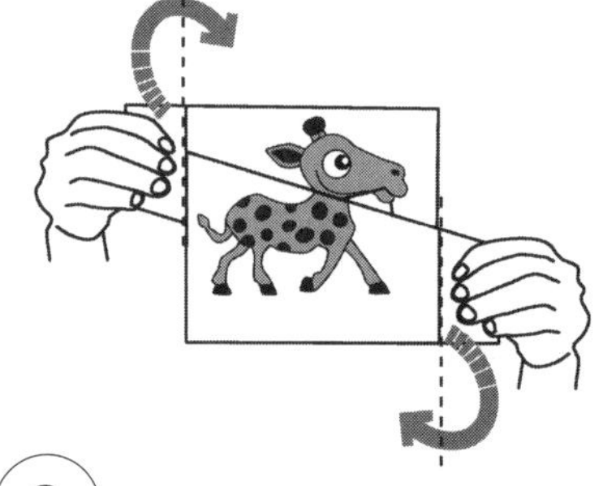

7 ①と左右対称の絵になりますが、流れの中で見せると気がつかれません。

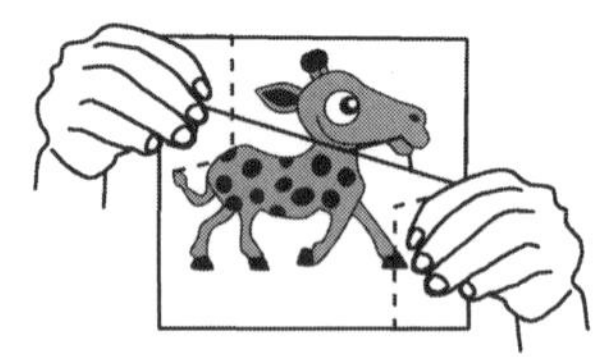

8 次に、斜めに引っぱると、

9 今度はメッセージ付きの絵に変わります！

おはなしの例

①これなーんだ？　実はキリンさんだけど、何かがちがうね。
（子ども）「キリンさんは首が長い」
　そうだね、では首が伸びるようにおまじないをかけてみよう！
（みんなで）「のびのび、のびのび、のっびーる！」
②伸びた〜。キリンさんだ、よかったね！
③元に戻すよ。
⑧では、もう一度おまじないをかけてみよう！
（みんなで）「のびのび、のびのび、のっびーる！」
⑨今度はメッセージが現れた！
　今月誕生日のお友だち、お誕生日おめでとう！

〈シンプルのび〜る〉の他の作品でも試してみよう！

ミニミニ のび〜るシアター

もうすぐお誕生会。何をやろうかな？
「やさしくできて、みんなで盛り上がれるもの」
「工作はできるだけ手間なく、ちょっと不思議だといいな」
そんな時は、この〈ミニミニのび〜るシアター〉がおススメです！
伸びる長さは控えめですが、かんたんに１枚の絵が伸びます。
絵は完全に変わるので不思議さもたっぷり。
用意するのは片面プリントした型紙１枚のみ。これを折るだけです。
（最後の作品は追加工作あり）
人気の動物、メッセージを伝えるもの、大人も驚く展開のものまで、
バラエティに富んだ内容となっています。

作り方・準備 『アリさん』を例に

型紙データからプリントしてください。

1 中央で山折りします。

2 半分になりました。

裏面どうしはのりづけ

3 図のように折り線に沿ってジグザグに折っていきます。

4

5 最後までたたむと、一番下が少しはみ出ます。

6 図のようになるよう、上の部分を開きます。この面を相手に向けて持ち、準備完了です。

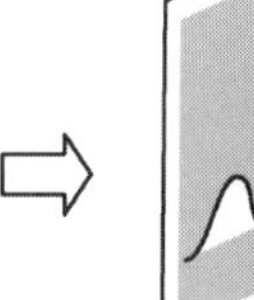

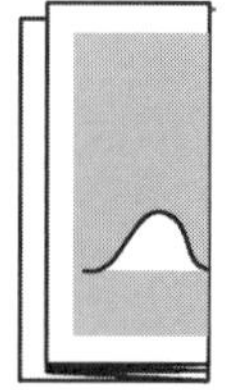

（作品によって縦向きになります）

ミニミニのび～るシアター

くわしい方法

『アリさん』を例に

作品によって持つ向き、伸ばす方向に縦・横の違いがありますが、縦・横を置き換えさえすればやり方は同じです。
ここでは横向きに持って横に伸ばす方法を解説します。縦向きを参照したい場合は、p34「くわしい方法①～⑨」をご覧ください。

1 この面を見せます。

2 図のようにたたみます。

3 右手側の手前の紙は少しはみ出ます。

4 左手を離し、この状態でいったん間をとります。

5 開いた左手にたたんだ本体を付けます。

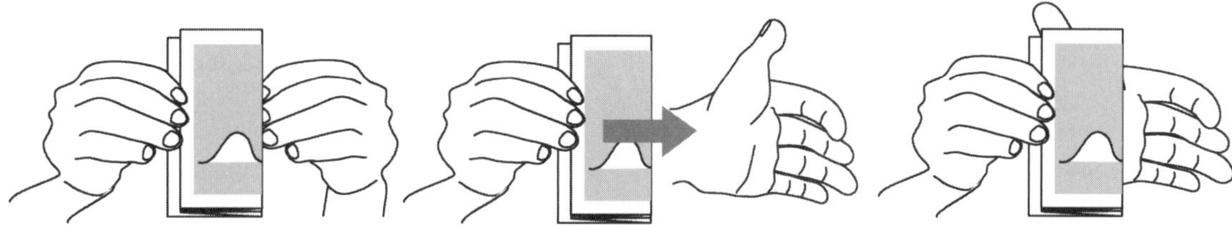

6 右手は本体を起こすように90度傾け、

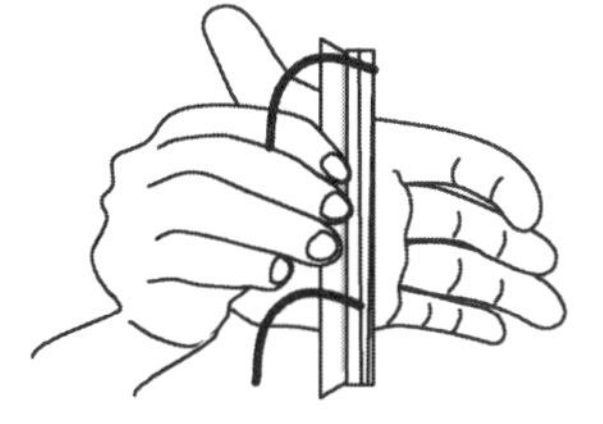

7 左手はたたまれた部分をつかみます。右手ははみ出た部分をつまんでいます。

8 左手の握り加減を調整しながら、右手は矢印の方向に…

9 引っぱっていきます。

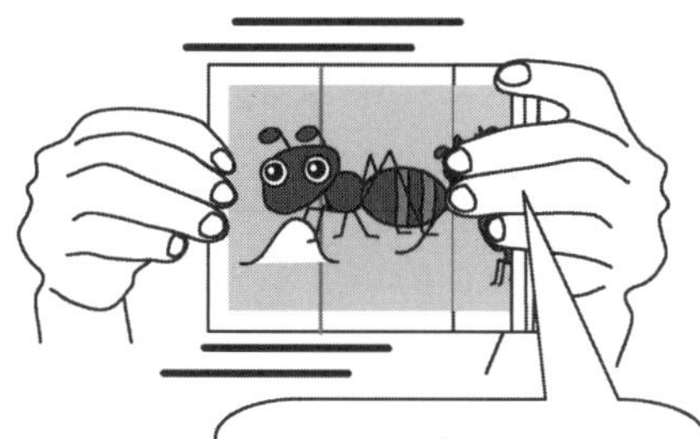

左手の握り具合で、
伸ばすスピードを
加減します

10 全て伸ばして図のように見せます。

アリさん
【行列がのび〜る】

幼児の大好きな虫といえば、アリやダンゴムシ。
ここではアリさんが主役ですから注目すること間違いなし。
お砂糖の山を前にしたアリさん、さあ、いったい何が伸びるのかな？
いろんなおはなしを加えてお楽しみください。

型紙データはカラーと線画の２種類。お使いになる方をプリントアウトしてください。
（塗り絵を楽しみたいなら線画を）

推奨サイズ	A4

（慣れてきたらA3）

作り方	p22を参照

色付きA／線画B

方法

くわしい方法はp23をご覧ください

1 この面を見せます。

2 たたんで、

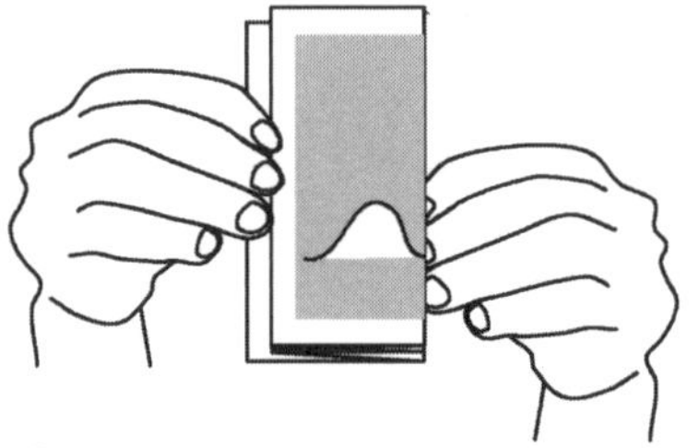

3 図のように持ち、

4 引っぱると、伸びて絵が変わります。

おはなしの例

クイズ形式

①これなーんだ？
（子ども）「アリさん」
　そうだね。おや？　アリさんとお砂糖があるよ。どうなるのかな？
（子ども）「アリさんがお砂糖を食べる？」
　ではどうなるか、おまじないをかけてみよう！
（みんなで）「のびのび、のびのび、のっびーる！」
④正解！　お砂糖めがけて他のアリさんもぞろぞろ集まってきたよ。

カバさん
【お口がのび～る】

カバさんが意外なほど大きく口をあけるユニークなシアターです。
わかりやすいので年少児も大丈夫。
また歯ブラシを用意し「歯みがきするので大きくお口を開けてね」と言って伸ばし、歯みがきのやり方を示すなどにも使えます。

型紙データはカラーと線画の2種類。お使いになる方をプリントアウトしてください。
（塗り絵を楽しみたいなら線画を）

色付きA／線画B

推奨サイズ	A4	（慣れてきたらA3）	作り方	p22を参照

くわしい方法はp23をご覧ください

1 この面を見せます。

2 たたんで、

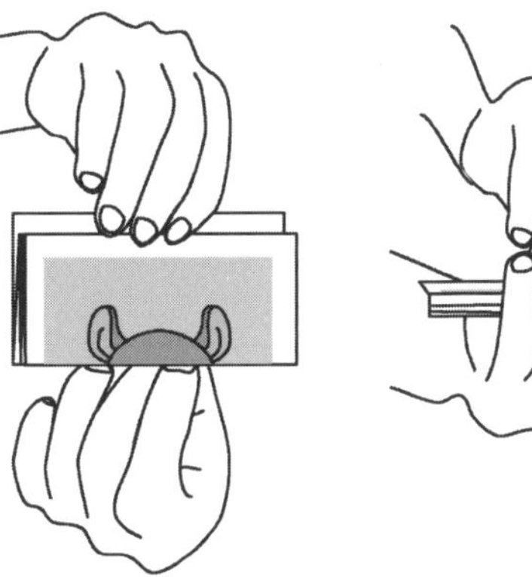

3 図のように持ち、

4 引っぱると、伸びて絵が変わります。

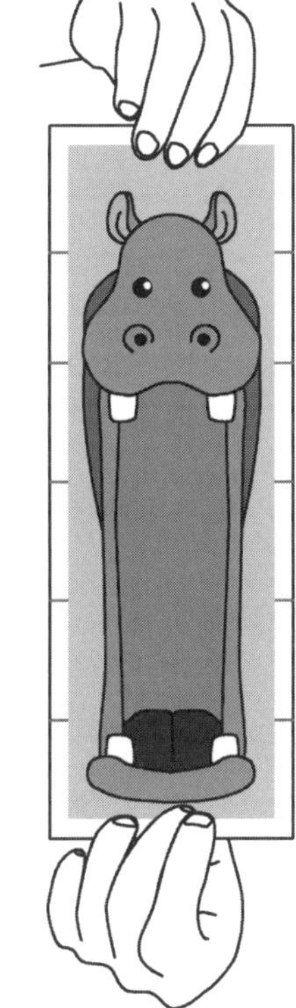

クイズ形式

①これなーんだ？
（子ども）「カバさん」
　そうだね。カバさんのどこが伸びるかな？
（子ども）「カバさんのお口！」
　ではどうなるか、おまじないをかけてみよう！
（みんなで）「のびのび、のびのび、のっぴーる！」
④正解！　こんなに伸びたよ。大きなお口だね～。

カメレオン

【舌？がのび～る】

カメレオンの伸びる所は？　舌！と思いきや…意外すぎるオチが！
さて、いったい何が伸びるのかな？
年長児から大人までウケる作品です。普通のネタの合間に、変化をつけたい時に効果的です。

色付きA／線画B

型紙データはカラーと線画の2種類。お使いになる方をプリントアウトしてください。
（塗り絵を楽しみたいなら線画を）

推奨サイズ	A4	（慣れてきたらA3）	作り方	p22を参照

方法

くわしい方法はp23をご覧ください

1 この面を見せます。

2 たたんで、

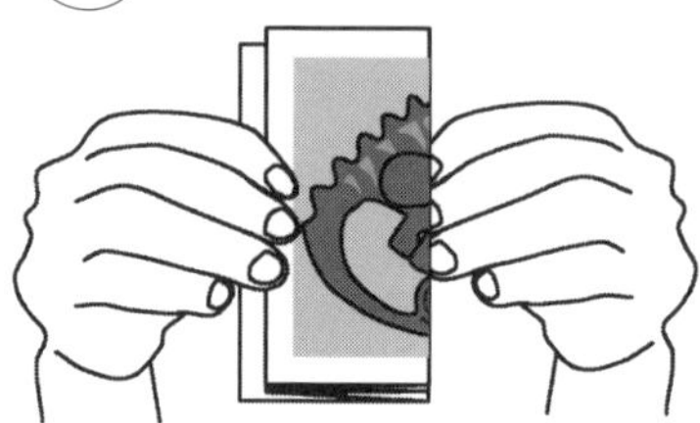

3 図のように持ち、

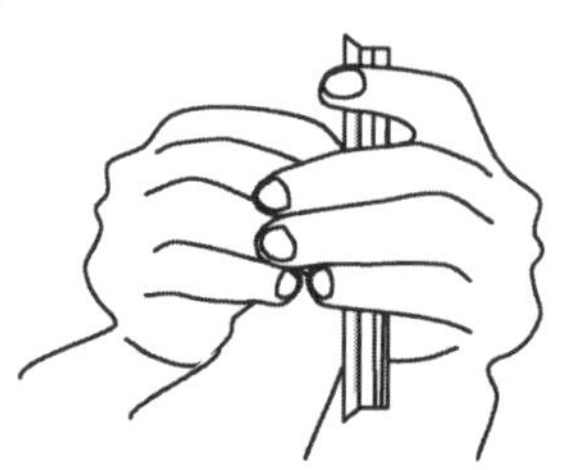

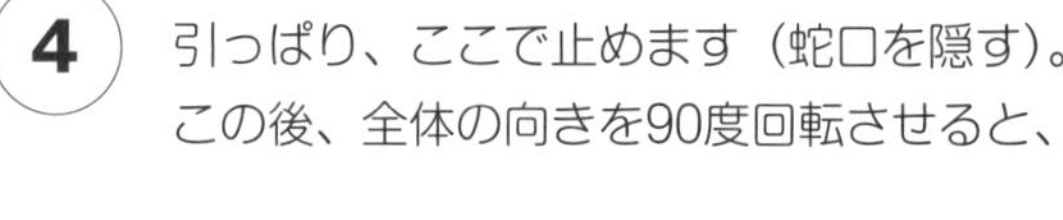

4 引っぱり、ここで止めます（蛇口を隠す）。
この後、全体の向きを90度回転させると、

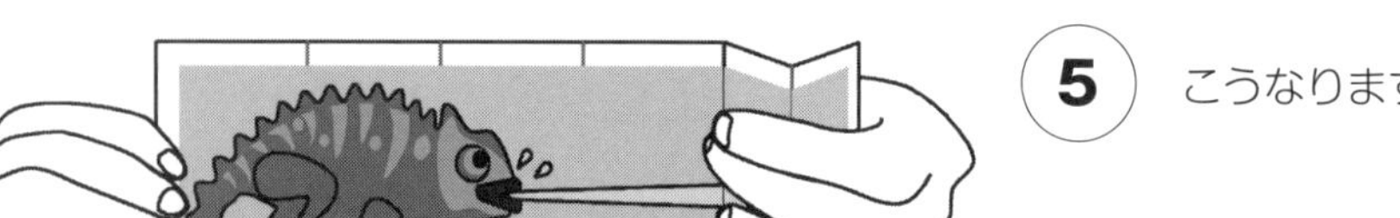

5 こうなります。

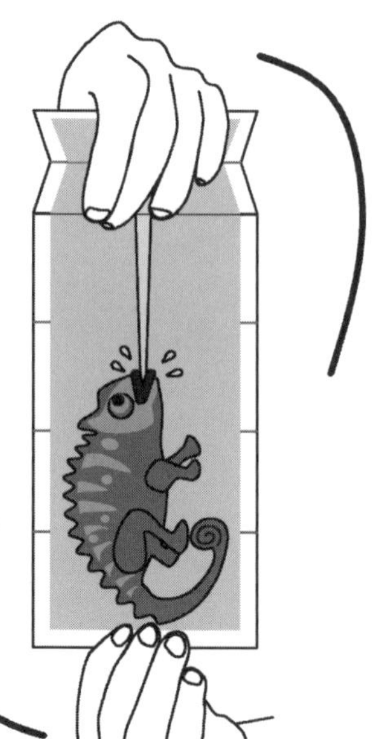

6 最後に、隠していた蛇口が見えるように左手をずらして全体を見せます。

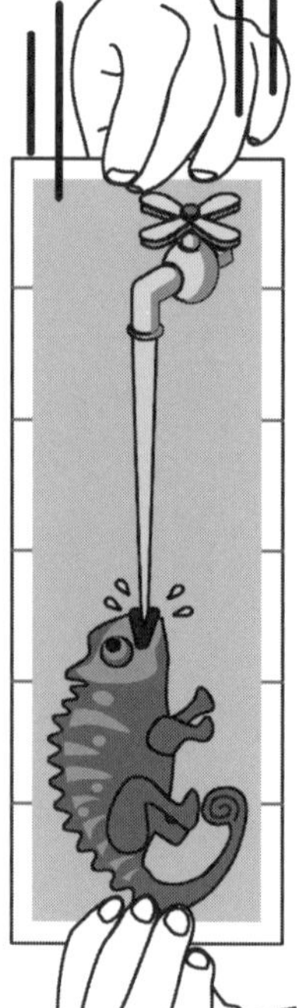

おはなしの例

クイズ形式

①これなーんだ？
（子ども）「カメレオン」
　そうだね。カメレオンの何が伸びるかな？
（子ども）「舌が伸びて虫をつかまえる～」
　ではどうなるか、おまじないをかけてみよう！
（みんなで）「のびのび、のびのび、のっびーる！」
④あ、やっぱり舌が伸びてるね。
⑤向きを変えてみると…
⑥あれれ？　お水飲んでました！

かきぞめメッセージ

【メッセージがのび～る】

紙が伸びて文字が現れる！
自然で不思議感のあるシアターです。
文字を自由に書き入れられるタイプもあるので、応用も自由。お誕生会、お正月、七五三ほか…、いろんなメッセージを工夫してお楽しみください。

型紙データは男の子と女の子タイプがあります。それぞれに色付きのメッセージ有となし、線画があります。お使いになるタイプをプリントアウトしてください（塗り絵を楽しみたい方は線画を）。

推奨サイズ	A4

（慣れてきたらA3）

作り方	p22を参照

くわしい方法はp23をご覧ください

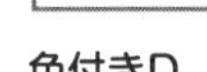

メッセージなしE ／線画F

1 この面を見せます。

たたんで、

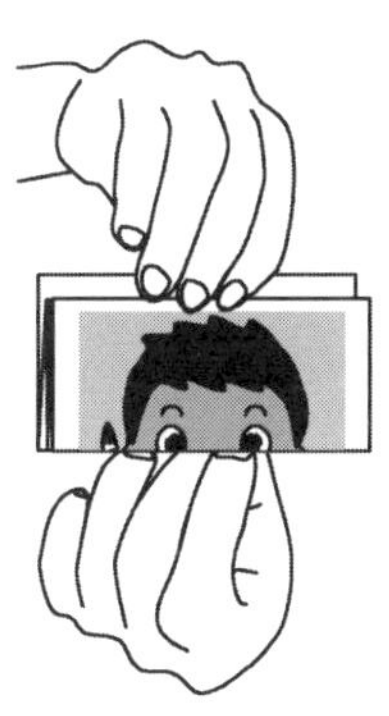

図のように持ち、

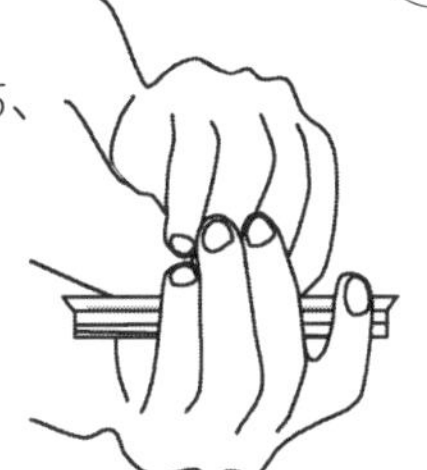

4 引っぱると、伸びて絵が変わります。

おはなしの例

クイズ形式

①男の子（女の子）がいるよ。何が伸びるかな？
（子ども）「持っている紙が下に広がって伸びる！」
　ではどうなるか、おまじないをかけてみよう！
（みんなで）「のびのび、のびのび、のっびーる！」
④大正解！　おめでとうございます！

不思議なじどうはんばいき

【自販機がのび～る】　街中にある自動販売機。これが伸びたらどうなる？　予測不能な、最も驚く作品です。
自動販売機の取出口から、本物の缶コーヒーが現れます！
準備も練習も必要ですが、誰にもウケる本格マジックです！

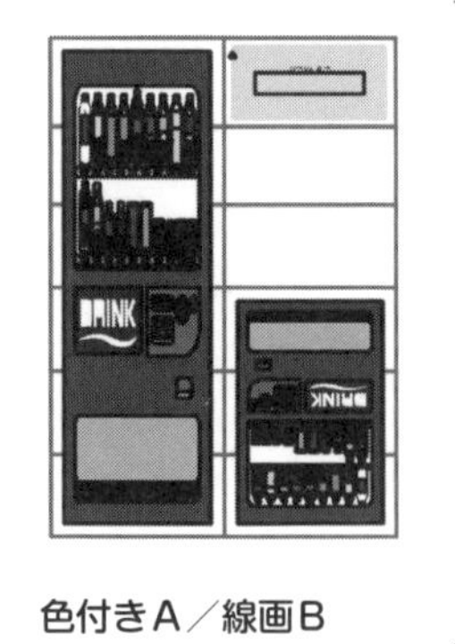

色付きA／線画B

型紙データはカラーと線画の２種類。お使いになる方をプリントアウトしてください。
（塗り絵を楽しみたいなら線画を）

推奨サイズ	A3以上

作り方

p22を参考に作った後、下記の追加工作をします。

追加工作

【用意するもの】　型紙　厚紙　強力な磁石（ネオジウム磁石／100円ショップでも購入可能）　スチール製の小さい缶コーヒー（185g）

●型紙を折って完成させたもの

●厚紙
型紙裏のタイトル部分に貼りつける
型紙がA3の場合…参考サイズ
72mm×147mm

●強力な磁石
（ネオジウム磁石）２～３個

●スチール製の小さい缶コーヒー
（中身は空にしておく）

1 磁石を粘着テープなどで厚紙に貼りつけます。
それを図のように型紙完成品の裏に、のりか両面テープで貼りつけます。

2 空のスチール缶を磁石につけて準備完了です。

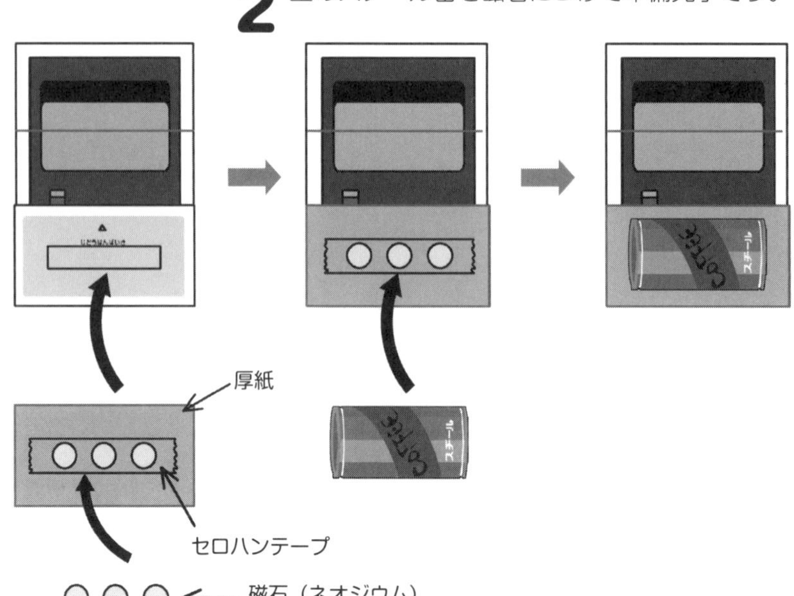

方法 p23もあわせて参照してください

1 この面を見せます。

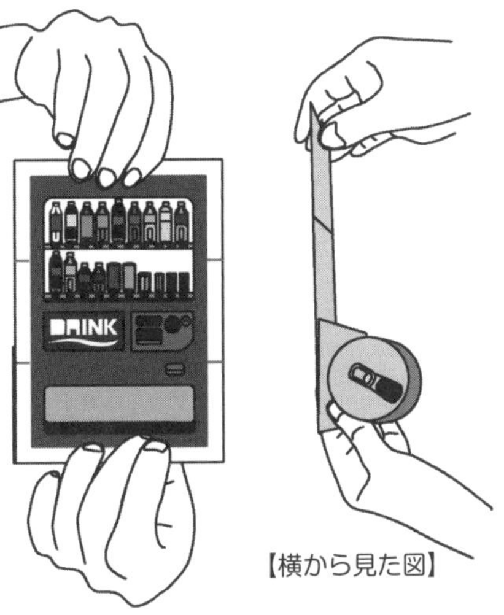

【横から見た図】

2 たたんで、

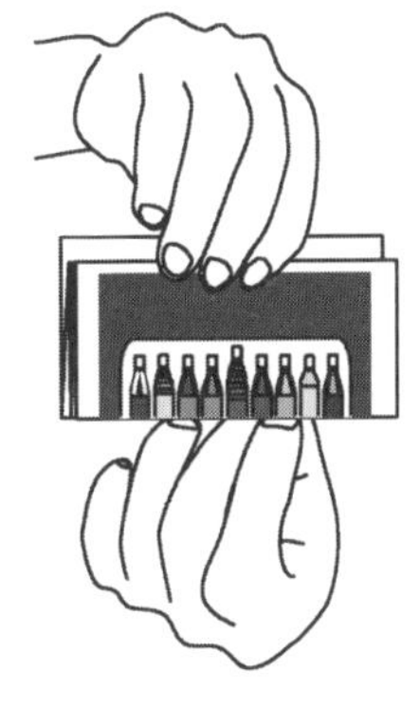

3 左手でたたまれた部分を握り、

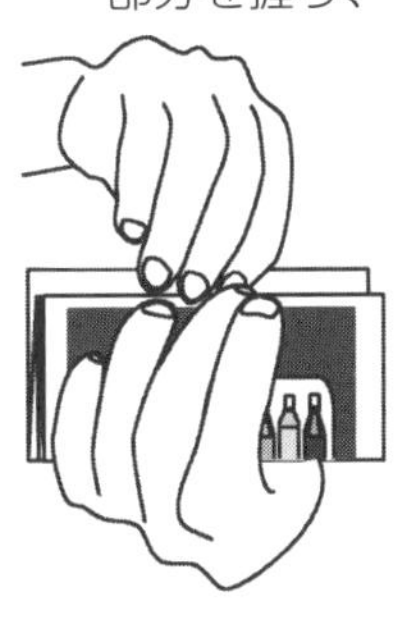

4 たたまれた部分を左手で下に伸ばしていきます。
(今までの伸ばし方とは少し変わります)

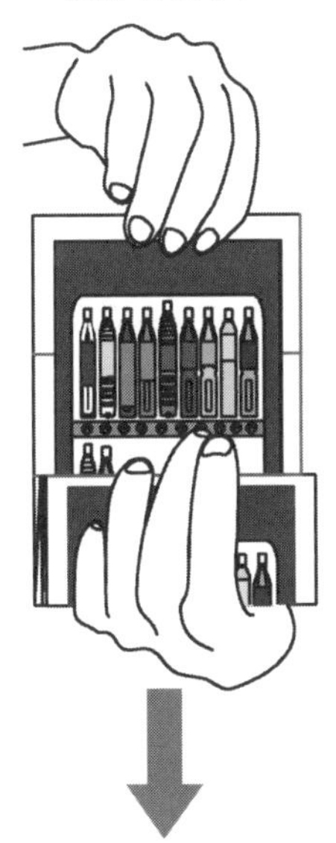

裏の缶コーヒーが見えないよう、型紙本体は傾けない

5 全て引っぱり、伸びた絵を現します。

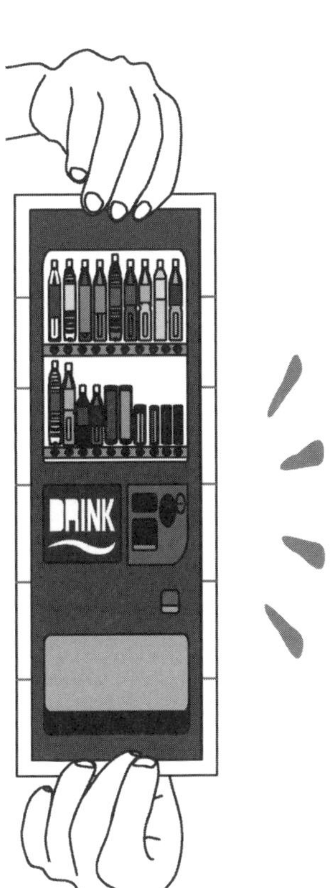

6 左手で図の位置を横からつまみます。

7 左手でつまんだ部分を上に持ち上げ、折りぐせに沿ってジグザグにたたみます。一番下の部分（自販機の取出口の絵）は開いたままです。

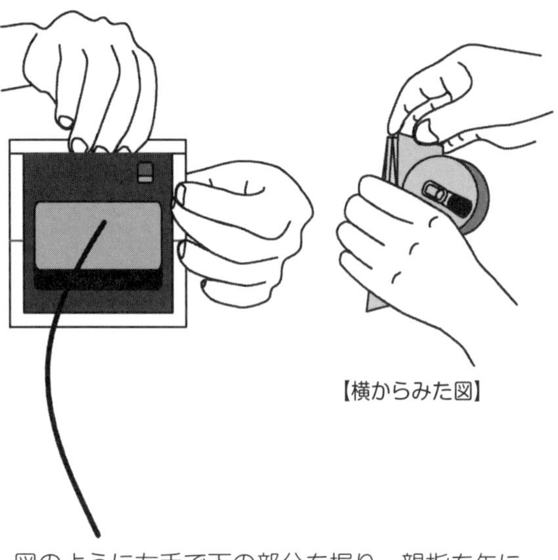

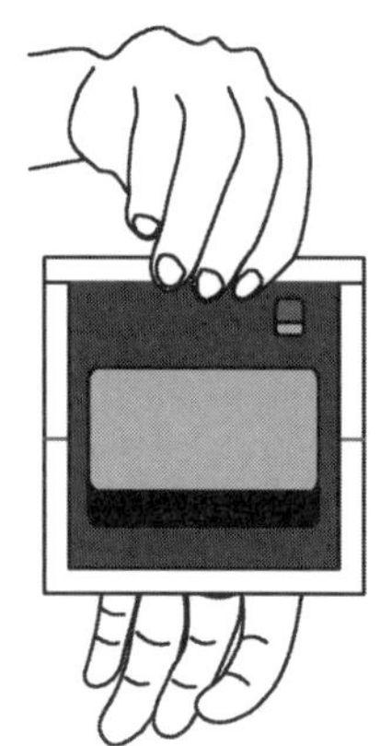

【横からみた図】

8 右手は全体を図のように持ち、左手は開いて下に位置させます。

9 図のように左手で下の部分を握り、親指を缶にかけます。

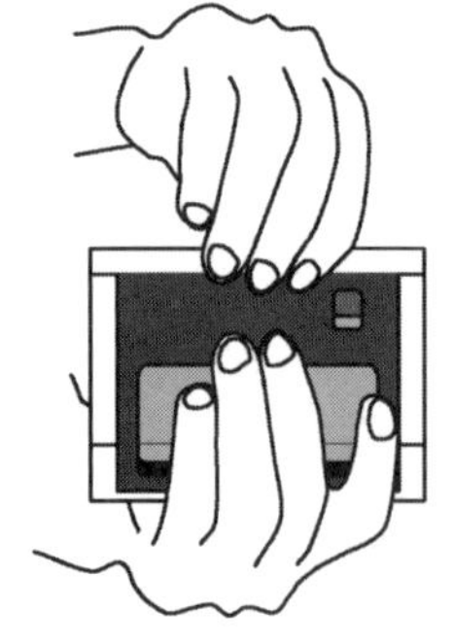

【横からみた図】

10 左手を観客側に押し出し、そのまま缶を磁石から外して、絵の正面に現します。
観客には、取出口から突然現れたように見えます。

おはなしの例

マジックとして

①これなーんだ？
（子ども）「自動販売機」
　そうだね。でもちょっと小さいかな。
　大きくなるように、おまじないをかけてみよう！
（みんなで）「のびのび、のびのび、のっびーる！」
⑤自動販売機が伸びた〜！
⑥〜⑨そして、少したたんで、こうすると…
⑩缶コーヒーが出てきたよ！
（子ども）「うわー、ビックリ！」

お誕生会12か月
のび〜るシアター

もうすぐお誕生会。何をやろうかな？
「その月の行事にマッチしていて、驚きがあるもの」
「おなじみの童謡に沿った内容で、歌とセットで演じられたらいいな」
そんな時は、本書のメインコンテンツでもある
〈お誕生会12か月のび〜るシアター〉がおススメです！
現象は【見せる】【伸びる】【変わる】の３展開。
内容が進化して、クライマックスに「変わる」現象が加わりました。
１枚の紙が伸びた後、さらにもう一度変化します。
これに一緒に歌える童謡をあわせれば、お誕生会はカンペキです！
月別作品以外に、卒園・入園・その他、万能に使える
スペシャルのび〜るもありますよ！

この章にも型紙データ、作り方解説は用意されていますが、「すぐにできる完成品がほしい」という方には、この〈お誕生会12か月〉に限り、別売キットがあります。
『ハッピーお誕生会　春夏編3月〜 8月』
『ハッピーお誕生会　秋冬編9月〜 2月』
本章で紹介する月別作品とスペシャルのび〜る（「アコーディオン」を除く）の、大型で丈夫な紙による完成品版です。あわせてご利用ください。（くわしくは本書カバーを参照）

作り方・準備

スペシャルのび〜る『ケーキ』を例に

型紙データからプリントしてください。

1 型紙データから下記の2種をプリントしてください。
(できればA3に拡大して作りましょう)

2 それぞれを図のように切り離します。

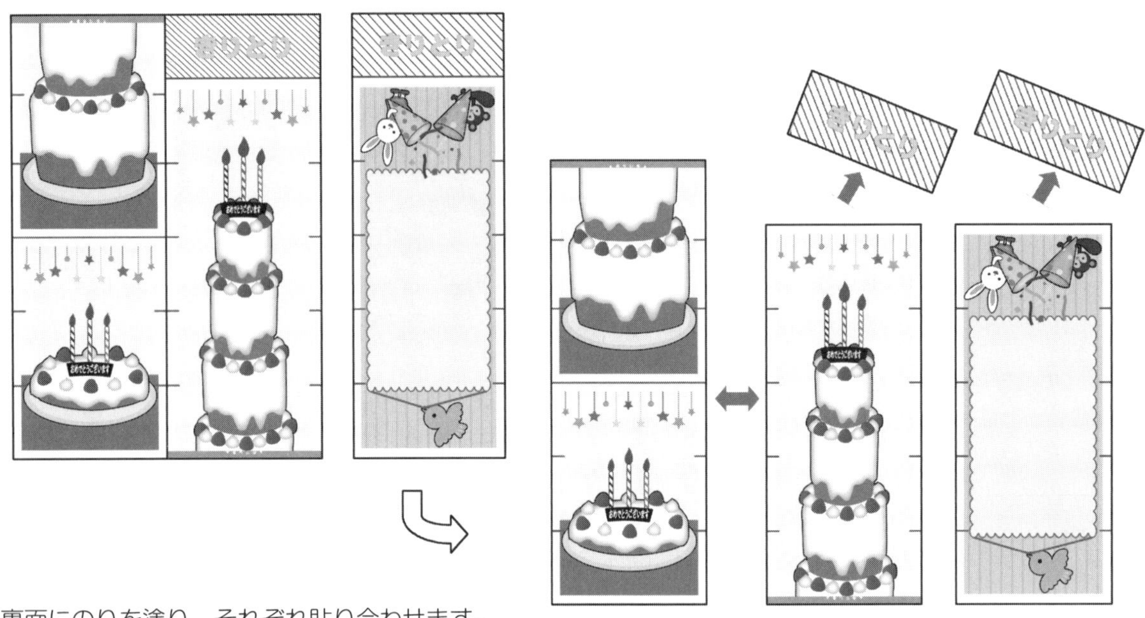

3 裏面にのりを塗り、それぞれ貼り合わせます。

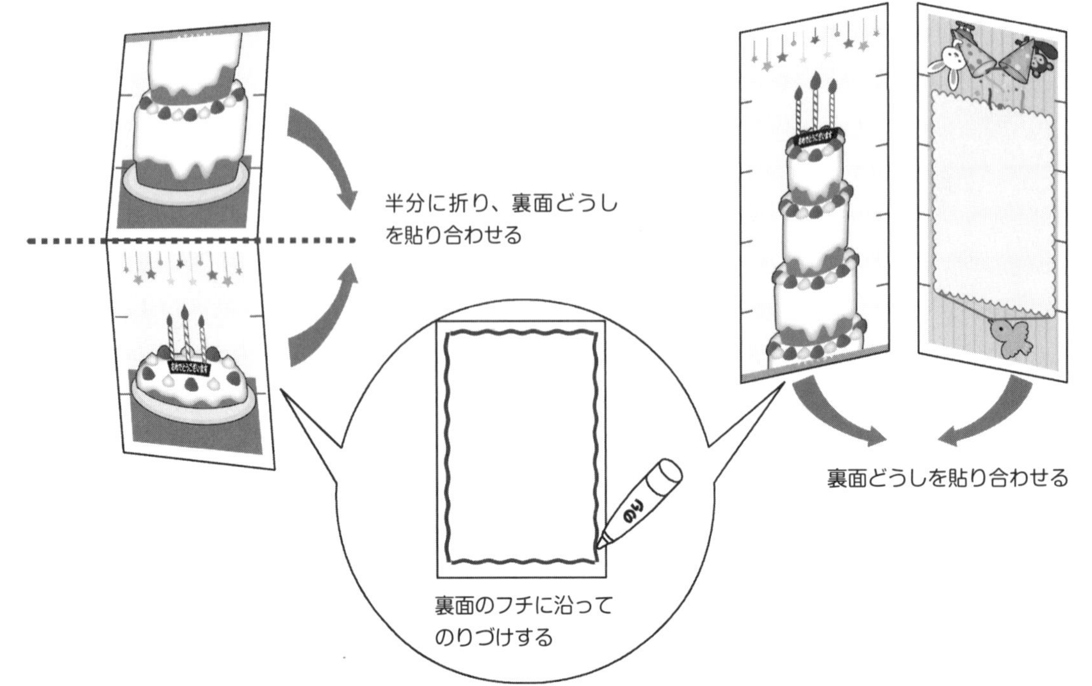

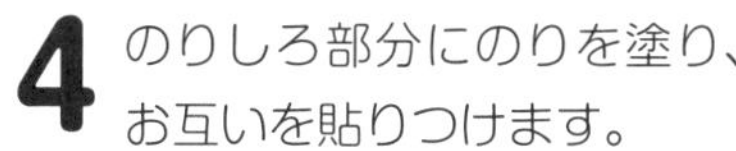

4 のりしろ部分にのりを塗り、お互いを貼りつけます。

5 こうなります。

6 まず手前の絵を、横のガイド線に従ってジグザグに折ります。

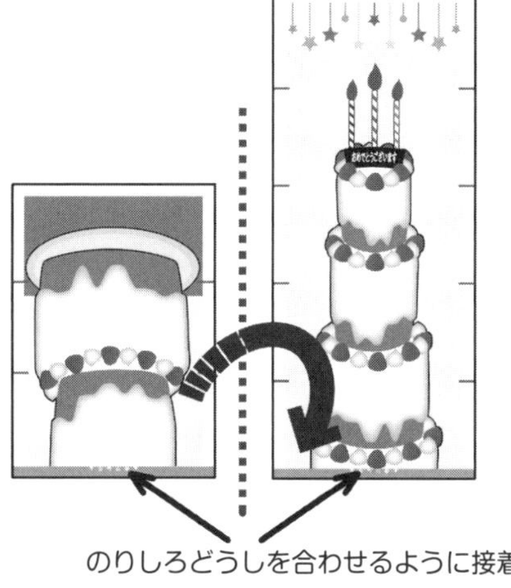

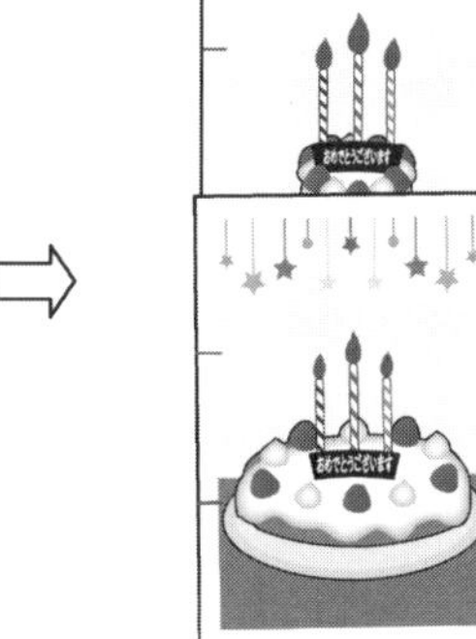

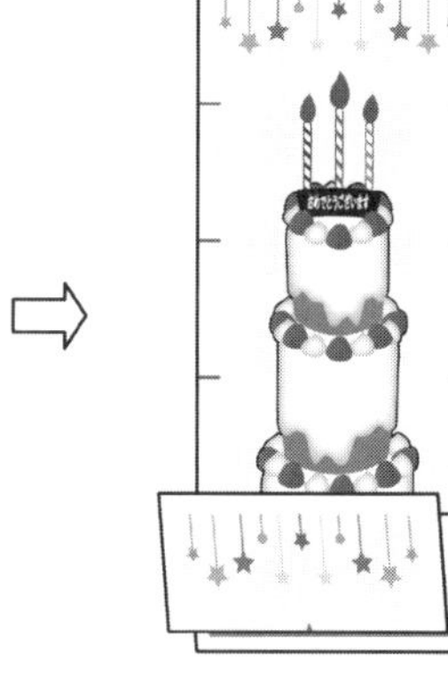

7 次に、奥のケーキの絵も同様にジグザグに折ります。

8 すると図のように、一番奥の紙が上に少しはみ出ます。

9 手前のケーキの絵の部分を図のように開きます。この面を相手に向けて持ち、準備完了です。

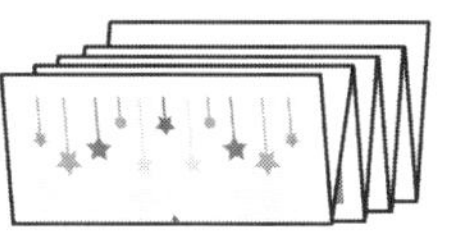

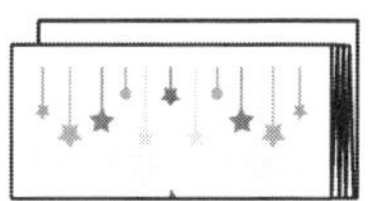

（作品によっては横向きになります）

くわしい方法

『ケーキ』を例に

前半（1～9）の伸ばすやり方は〈ミニミニのび～るシアター〉と同じです。作品によって持つ向き、伸ばす方向に縦・横の違いがありますが、縦・横を置き換えさえすればやり方は同じです。ここでは縦向きに持って縦に伸ばす方法を解説します。横向きを参照したい場合は、p23の「くわしい方法」をご覧ください。

1 この面を見せます。

2 図のようにたたみます。

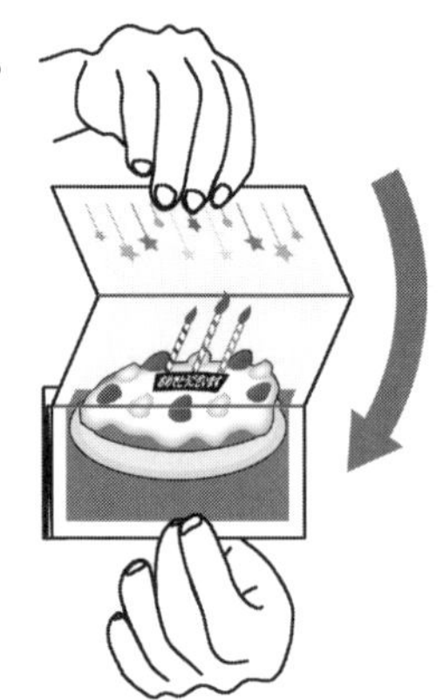

3 右手側の手前の紙は少しはみ出ます。

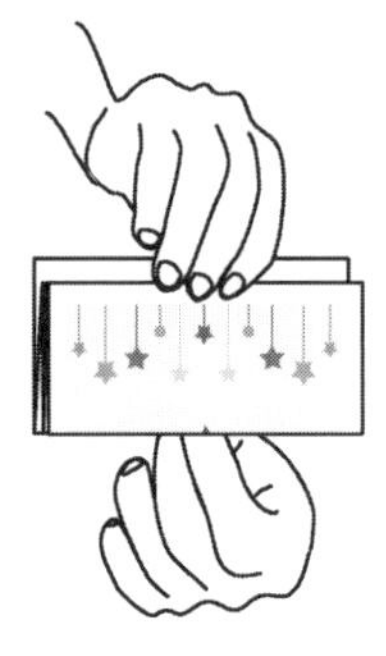

4 左手を離し、この状態でいったん間をとります。

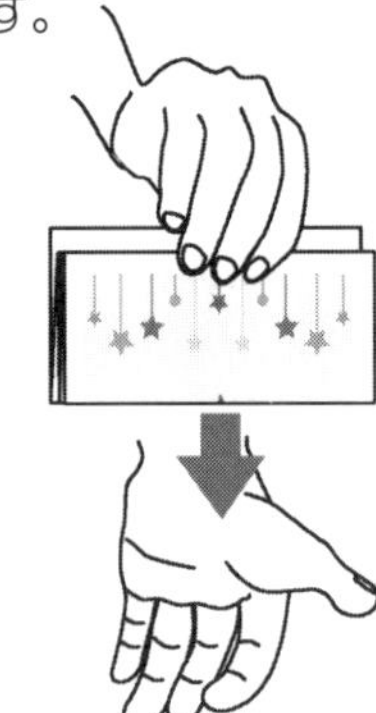

5 開いた左手にたたんだ本体を付けます。

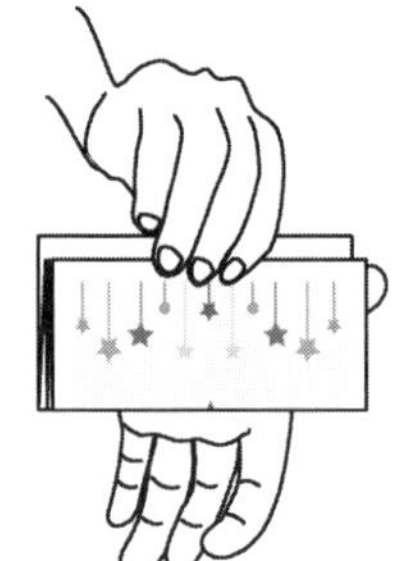

6 右手は本体を倒すように90度傾け、

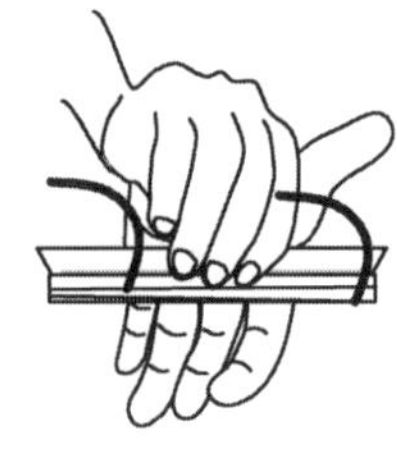

7 左手はたたまれた部分をつかみます。右手ははみ出た部分をつまんでいます。
この時、シートの角度が変わり、たたまれた断面がみんなに向きますが、この後、伸びていく変化に目が行くので、たたまれた厚みは気になりません。

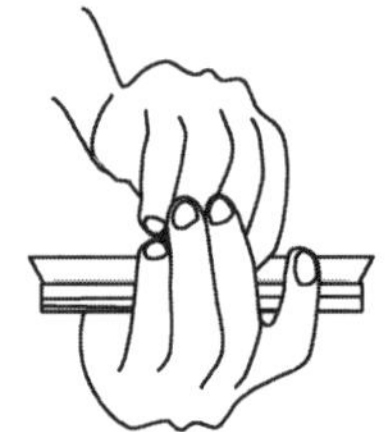

8 左手の握り加減を調整しながら、右手は矢印の方向に引っぱっていきます。

左手の握り具合で、伸ばすスピードを加減します

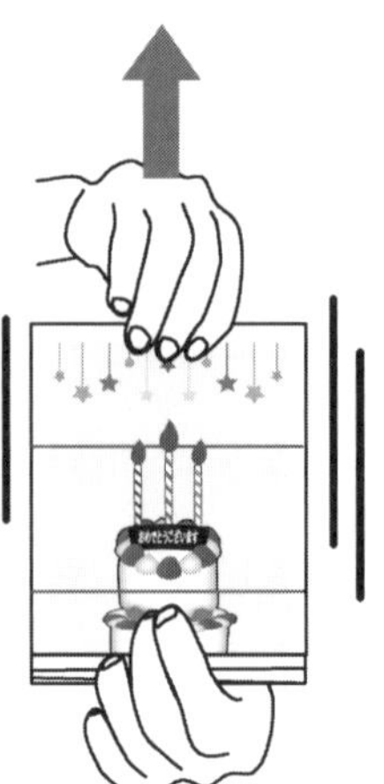

お誕生会12か月のび～るシアター

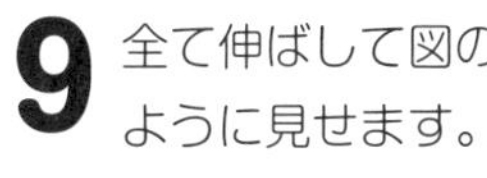

9 全て伸ばして図のように見せます。

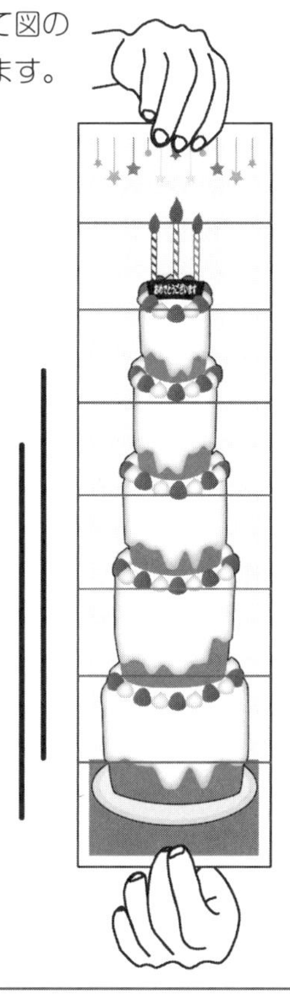

10 両手を近づけていったん全部たたみます。

11 図のように持ち直し、新たな絵をみんなに見せます。（作品によって縦横、見せる向きに違いがあります）

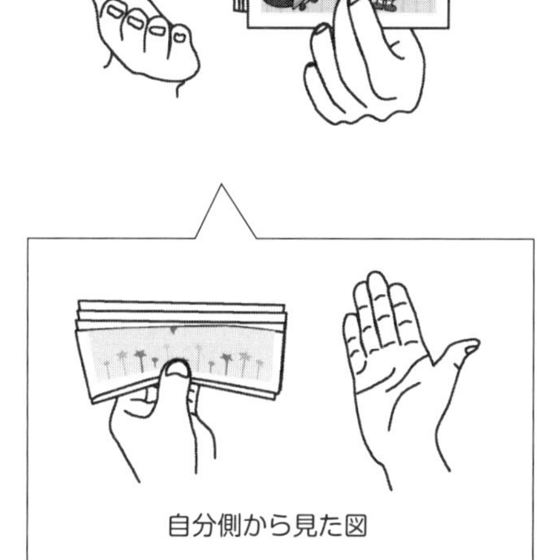

自分側から見た図

※**6～9が難しい場合は…**
5の後、手前の突き出た部分以外を離すと、たたまれた紙が重みで下に伸びて行きます。下まで伸びたら、左手で下をつかみ、上下にピンと張って絵を示します。

12 上の部分を右人さし指と親指でつまみますが、人さし指を手前から2段目と3段目のたたまれた紙の間に差し込んでつまみます。左手は下の突き出た所をつまみます。

手前から２段数えた所に人さし指を入れる

自分側から見た図

13 上下に伸ばして変化した絵を示します。（長さは**9**よりも少し短くなりますが、意外なクライマックスとなります）

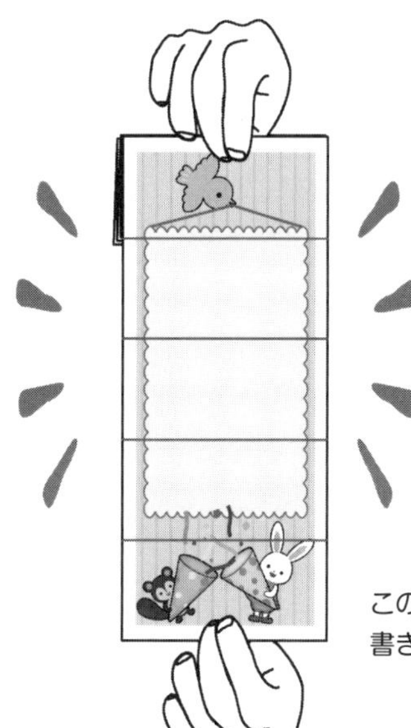

この作品はメッセージを書き入れて使います

3月 うれしいひなまつり

【ひな壇がのび〜る】

動物のひな飾りが現れ、最後は文字に変化します。おはなし仕立ての他、歌に合わせて演じることもできます。ぼんぼり・桃の花・五人囃子の笛太鼓など、歌詞に出てくるパーツを指さしながら演じるとよいでしょう。

型紙データは右の２つが必要です。それぞれカラーと線画があるので、お使いになる方をプリントアウトしてください（塗り絵を楽しみたいなら線画を）。

推奨サイズ	A3に拡大

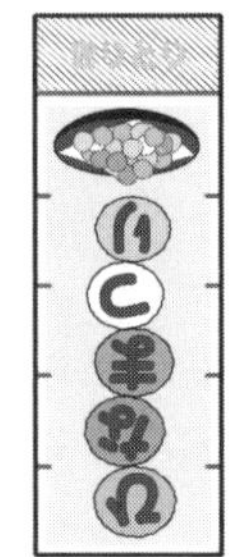

色付きA／線画C　色付きB／線画D

作り方 p32を参照

方法 くわしい方法はp34をご覧ください

1 この面を見せます。

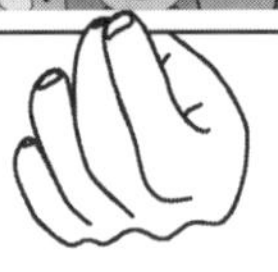

2 伸ばします。

ピンと伸ばした後、少し縮めて折りを目立たせます。すると全体を階段状に示せて、ひな壇らしく見せられます。

3 たたんだら、新たな絵を見せます。

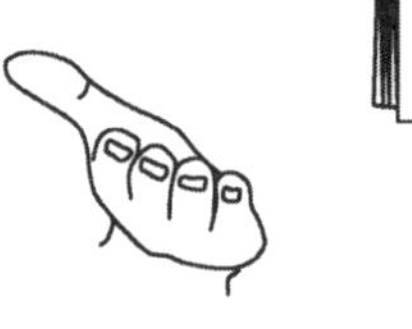
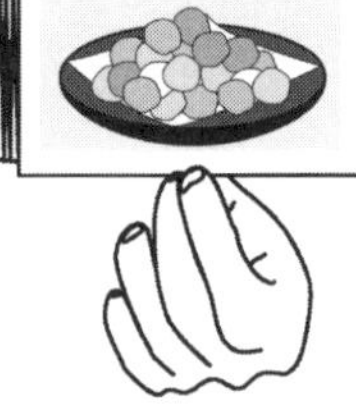

4 伸ばして、最後の変化をさせます。

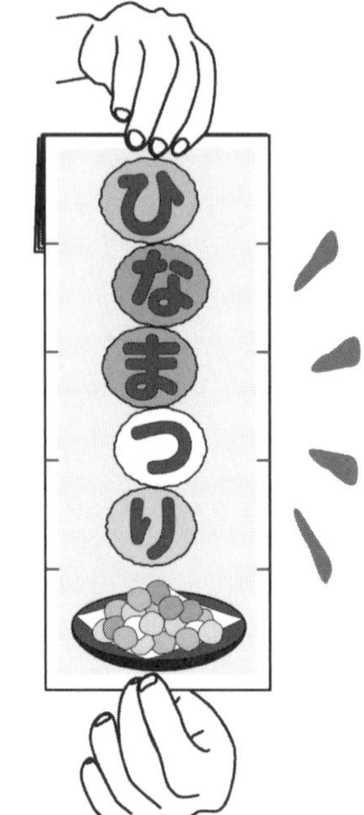

おはなしの例

①動物さんたちが大集合、でも大混雑。ひな飾りのようにきれいに並ぶといいんだけど。
　では、おまじないをかけてみよう！
（みんなで）「のびのび、のびのび、のっびーる！」
②（子ども）「わー、伸びた！」
③こうすると…ひなあられが出てきたよ、おいしそう。ひなあられといえば…
④そう、ひなまつりだね！

4月 ちょうちょう

【菜の花畑にのび～る】

おはなし仕立ても楽しいですが、『ちょうちょう』の歌に合わせて演じるのも素敵です。
菜の花にとまれ～、桜にとまれ～など、
歌に合わせて場面展開をするとよいでしょう。

型紙データは右の２つが必要です。それぞれカラーと線画があるので、お使いになる方をプリントアウトしてください（塗り絵を楽しみたいなら線画を）。

推奨サイズ	A3に拡大

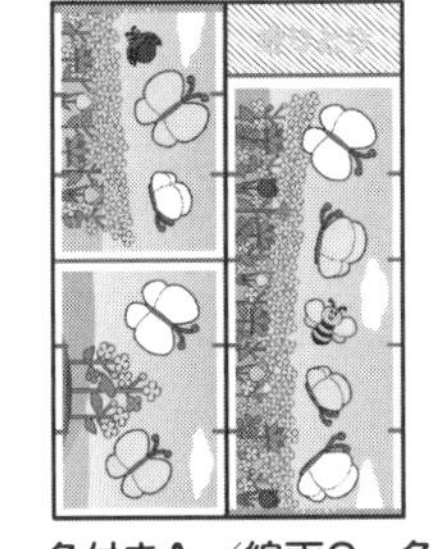
色付きA／線画C

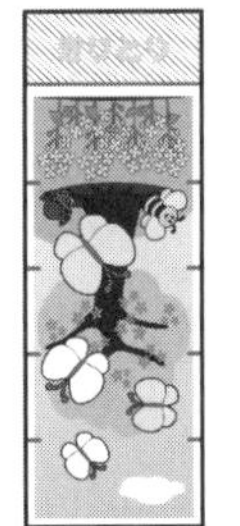
色付きB／線画D

作り方 p32を参照

方法 くわしい方法はp34をご覧ください

1 この面を見せます。

2 伸ばします。

3 たたんだら、新たな絵を見せます。

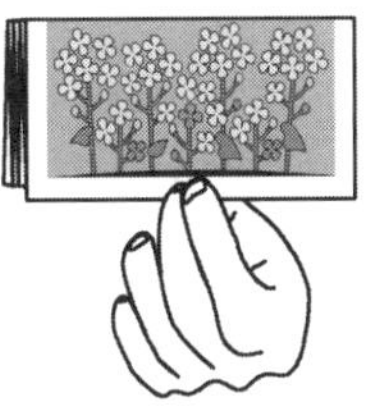

4 伸ばして、最後の変化をさせます。

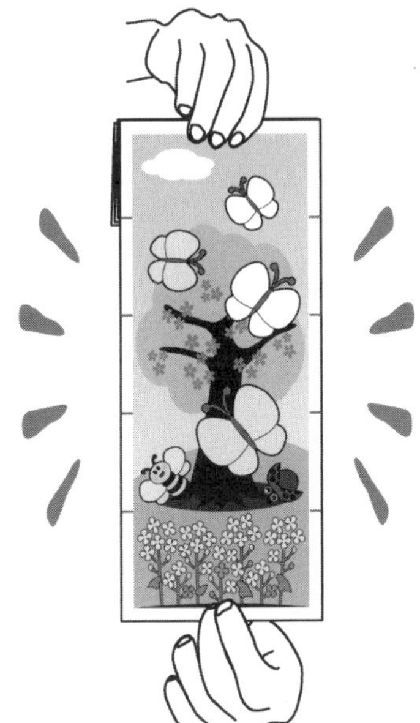

おはなしの例

①ちょうちょさんと菜の花です。菜の花にちょうちょさんが寄ってきました。もう少し菜の花がたくさんあるといいね。
　では、おまじないをかけてみよう！
（みんなで）「のびのび、のびのび、のっびーる！」
②菜の花畑が広がった～！　他の虫さんも集まってきた～。
（ハチ、テントウムシ）
③こうすると…もう一度菜の花です。ちょうちょさんたちはどうなったかな？　菜の花に飽きたら…
④桜にとまれ～。桜の木も現れた～！

5月 こいのぼり

【鯉のぼりがのび～る】

鯉のぼりが大きく変化して、最後は全体が現れます。『こいのぼり』の歌にマッチした内容です。演技に合わせて、あるいは途中から歌ってもいいですね。おなじみの歌なので、高齢者の施設でも好評です。

型紙データは右の2つが必要です。それぞれカラーと線画があるので、お使いになる方をプリントアウトしてください（塗り絵を楽しみたいなら線画を）。

推奨サイズ	A3に拡大

色付きA ／線画C　色付きB ／線画D

作り方

p32を参照

くわしい方法はp34をご覧ください

1 この面を見せます。

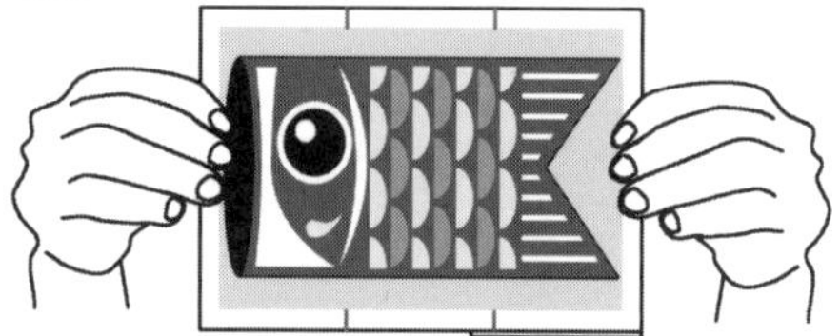

2 伸ばします。

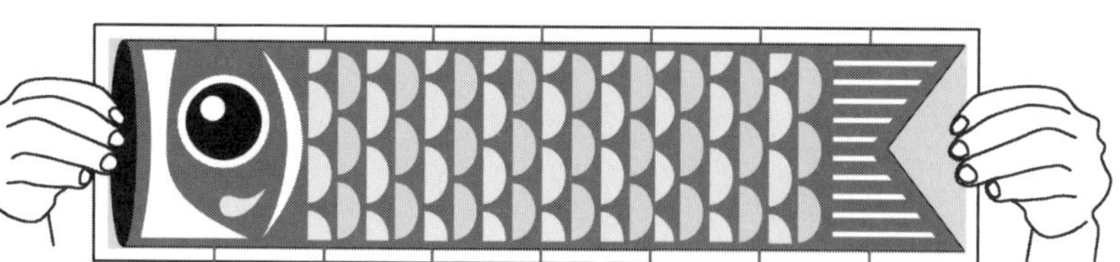

伸ばしたら、全体を揺らし、風にたなびくように見せると効果的です。

3 たたんだら、新たな絵を見せます。

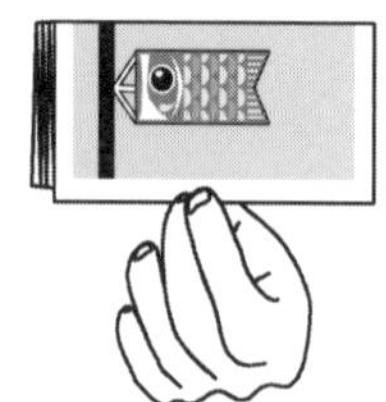

伸ばして、最後の変化をさせます。

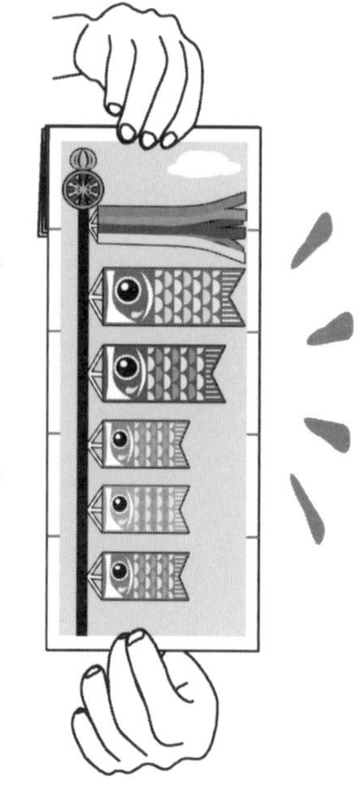

おはなしの例

①赤い鯉のぼりはお母さんです。大きな鯉のお父さんも見てみたいかな？　では、おまじないをかけてみよう！
（みんなで）「のびのび、のびのび、のっびーる！」
②大きなお父さんに変わった！
③こうすると…小さい鯉のぼりは子どもだね。
④全員集合だ！　みんな、気持ちよさそうに泳いでるね！

6月 かえるの合唱

【かえるの親子がのび～る】

かえるの親子がジャンプして、最後は大合唱に。『かえるの合唱』の歌にマッチした内容です。おはなし仕立てからスタートし、演技の途中で歌に入り、最後の合唱場面を現すとよいでしょう。

型紙データは右の２つが必要です。それぞれカラーと線画があるので、お使いになる方をプリントアウトしてください（塗り絵を楽しみたいなら線画を）。

推奨サイズ	A3に拡大

作り方 p32を参照

方法 くわしい方法はp34をご覧ください

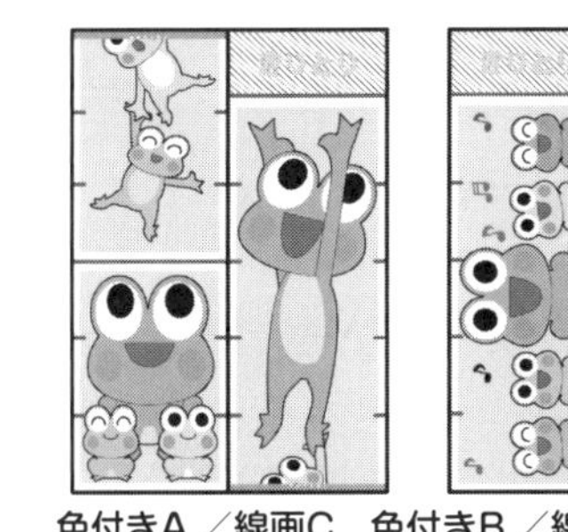
色付きA／線画C　色付きB／線画D

1 この面を見せます。

2 伸ばします。

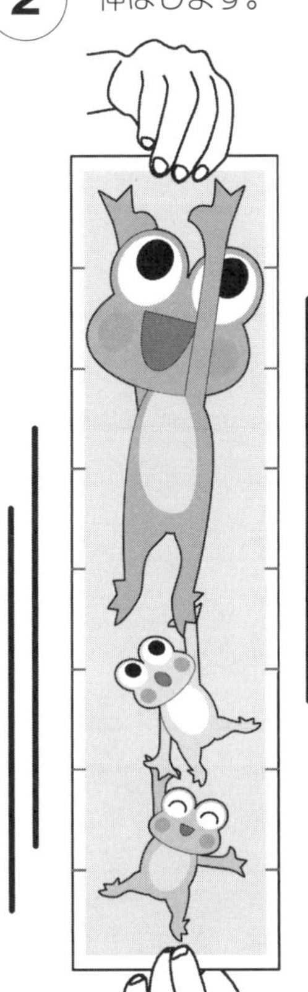

3 たたんだら、新たな絵を見せます。

4 伸ばして、最後の変化をさせます。

おはなしの例

①かえるさんの親子です。すごいジャンプを見てみたいかな？
　では、おまじないをかけてみよう！
（みんなで）「のびのび、のびのび、のっびーる！」
②みんなでジャンプ！　伸びた～！
③こうすると…おや？　子どもが歌っているよ。よく見てみよう。
　かえるさんの歌が聞こえてくるよ～。ケロッ、ケロッ、
④ケロケロ～！　みんなで大合唱だ。お誕生日おめでとう！

7月 たなばたさま

【笹の葉がのび～る】

笹が伸びて、大きな七夕飾りに変わり、最後は天の川も現れます。おはなし仕立てで行い、演技の前か終わった後に『たなばたさま』の歌を歌ってもよいでしょう。

型紙データは右の２つが必要です。それぞれカラーと線画があるので、お使いになる方をプリントアウトしてください（塗り絵を楽しみたいなら線画を）。

推奨サイズ	A3に拡大

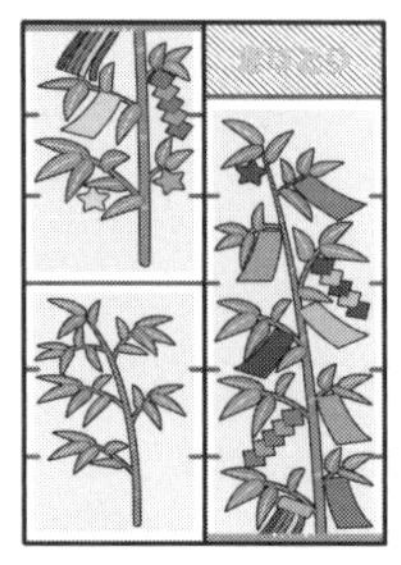

色付きA ／線画C　色付きB ／線画D

作り方 p32を参照

くわしい方法はp34をご覧ください

1 この面を見せます。

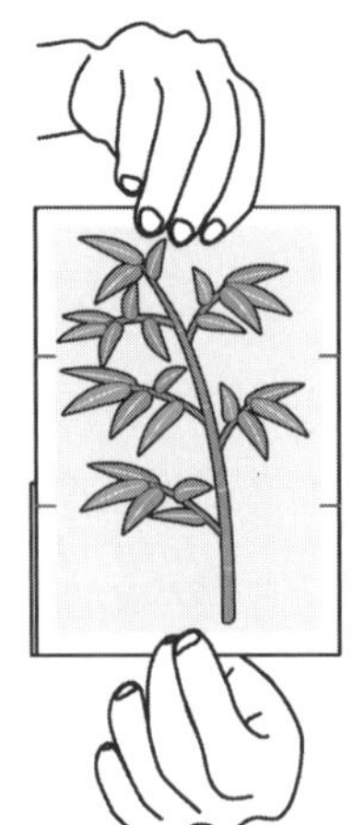

2 伸ばします。

3 たたんだら、新たな絵を見せます。

4 伸ばして、最後の変化をさせます。

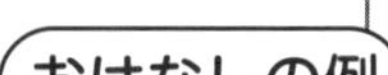

①七夕の飾りつけをしたいけど、この笹だと小さいかも。
　では、おまじないをかけてみよう！
（みんなで）「のびのび、のびのび、のっびーる！」
②伸びた～！　飾りつけもきれいにできてるね。七夕といえばお星さま。
③こうすると…お星さまです。天の川も見てみたいね。
　では、もう一度おまじないをかけてみよう！
（みんなで）「のびのび、のびのび、のっびーる！」
④最後は、織姫さまと彦星さま。お誕生日おめでとう！

8月 おばけなんてないさ

【おばけの行列にのび〜る】 かわいいおばけがたくさん出てきます。おばけが冷蔵庫で凍ったり、子どものおばけとなかよくなるなど、『おばけなんてないさ』の歌にマッチした内容です。おはなし仕立てで行い、歌は演技の前や後に入れてもいいですね。

型紙データは右の２つが必要です。それぞれカラーと線画があるので、お使いになる方をプリントアウトしてください（塗り絵を楽しみたいなら線画を）。

推奨サイズ	A3に拡大

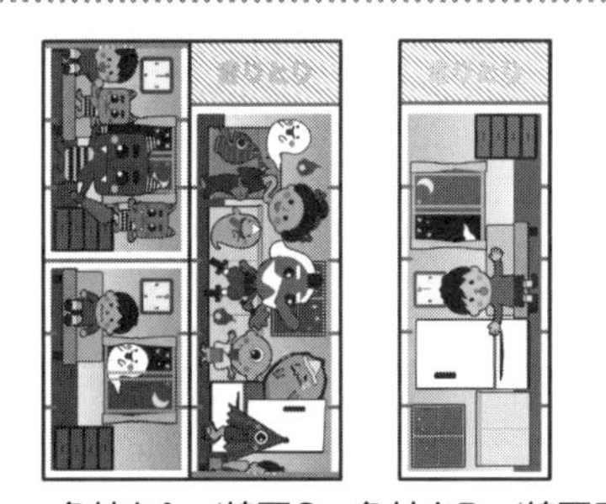

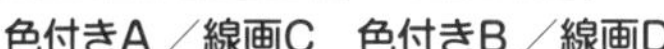

作り方 p32を参照

方法 くわしい方法はp34をご覧ください

1 この面を見せます。

2 伸ばします。

3 たたんだら、新たな絵を見せます。

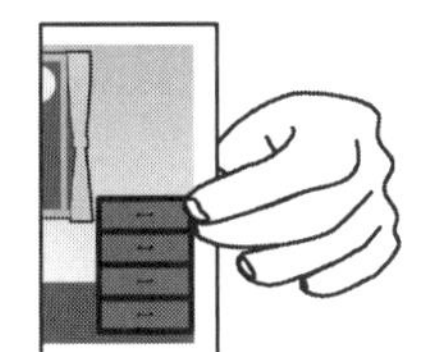

4 伸ばして、最後の変化をさせます。

おはなしの例

①おやおや、これは？　男の子だね。他にも何かいないかな？
　男の子は「どこにもおばけなんていないさ。だから全然こわくなんかないよ」って言ってるみたい。お部屋の中がわかるように「のびのび」してみる？
　では、おまじないをかけてみよう！
（みんなで）「のびのび、のびのび、のっびーる！」
②うわー、おばけがぞろぞろ！　でも子どものおばけとはなかよくできるみたい。
③こうすると…おばけは本当にいたのかな？　もう一度お部屋を見てみよう。
④あれ、おばけは…いない？　夢だったのかな？

9月 うさぎ

【うさぎがのび〜る】

うさぎさんが十五夜お月さんに向かってジャンプします。
最後はお月見団子を家族でいただきます。
おはなし仕立てで、または最初のジャンプの時だけ
『うさぎ』の歌に合わせて展開してもよいでしょう。

型紙データは右の２つが必要です。それぞれカラーと線画があるので、お使いになる方をプリントアウトしてください（塗り絵を楽しみたいなら線画を）。

推奨サイズ	A3に拡大

作り方 p32を参照

方法 くわしい方法はp34をご覧ください

色付きA／線画C　色付きB／線画D

① この面を見せます。

② 伸ばします。

③ たたんだら、新たな絵を見せます。

④ 伸ばして、最後の変化をさせます。

おはなしの例

①うさぎさんが上を見ているよ。どうしようとしているのかな？
　では、おまじないをかけてみよう！
（みんなで）「のびのび、のびのび、のっびーる！」
②ジャンプしたよ！　お月さまに届きそうだね。
③こうすると…これは月見団子かな。おいしそうだね。もう一度おまじないをかけてみようか！
（みんなで）「のびのび、のびのび、のっびーる！」
④うさぎさん大集合！　家族みんなでお団子いただきまーす。

10月 いもほり

【芋ほり、みんなで引っぱ〜る】

みんなで芋ほりをするストーリーです。おなじみの『おおきなかぶ』をベースに進められますね。芋ほりの童謡は多々ありますので、歌を演技の前か後に入れてもよいでしょう。

型紙データは右の２つが必要です。それぞれカラーと線画があるので、お使いになる方をプリントアウトしてください（塗り絵を楽しみたいなら線画を）。

色付きA ／線画C　色付きB ／線画D

推奨サイズ	A3に拡大

作り方 p32を参照

方法 くわしい方法はp34をご覧ください

1 この面を見せます。

2 伸ばします。

一気に伸ばさず、「うんこらしょっ、どっこいしょ」の掛け声とともに、少しずつ伸ばしていこう。

3 たたんだら、新たな絵を見せます。

4 伸ばして、最後の変化をさせます。

おはなしの例

①くまさんが芋ほりをしているよ。どれだけとれるかな？
　では、おまじないをかけてみよう！
(みんなで)「のびのび、のびのび、のっびーる！」
②「うんこらしょっ、どっこいしょ。うんこらしょっ、どっこいしょ」
　おやおや？　みんなに手伝ってもらって…でもなかなか抜けないみたい。
③もう一度おまじないをかけてみようか！
(みんなで)「のびのび、のびのび、のっびーる！」
④わぁ、びっくり！　こんな大きなお芋がとれたよ！

11月 どんぐりころころ

【どんぐりが、転が～る】

おなじみの『どんぐりころころ』のストーリーに沿った展開です。どんぐりが転がる、お池にはまる、ドジョウが現れて…などなど。おはなし仕立てでも、歌に合わせてもよいでしょう。

型紙データは右の２つが必要です。それぞれカラーと線画があるので、お使いになる方をプリントアウトしてください（塗り絵を楽しみたいなら線画を）。

推奨サイズ	A3に拡大

作り方 p32を参照

くわしい方法はp34をご覧ください

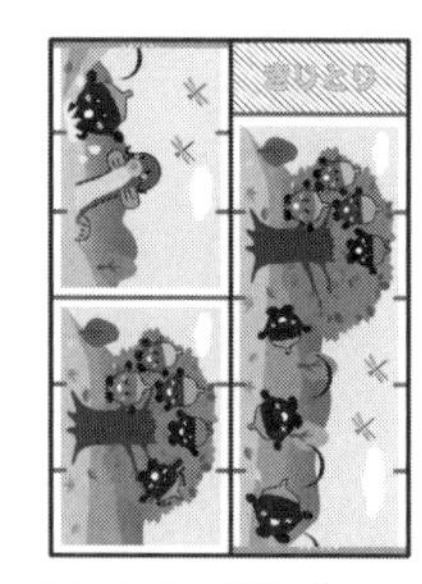
色付きA／線画C

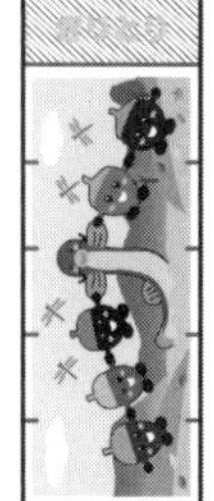
色付きB／線画D

1 この面を見せます。

2 伸ばします。

伸ばす時、全体を斜めに傾けて、転がっていく感じを表現してみよう。

3 たたんだら、新たな絵を見せます。

4 伸ばして、最後の変化をさせます。

おはなしの例

①どんぐりの木だね。おや？　木から落ちそうなどんぐりがいるよ。
　では、おまじないをかけてみよう！
（みんなで）「のびのび、のびのび、のっぴーる！」
②どんぐりが転がった～。池にはまったみたい。ドジョウさんもびっくり！
③どんぐりさん助かったかな？
④みんなでなかよくあそんでいるよ！　よかったね。

12月 あわてんぼうのサンタクロース

【あれれ！サンタさんあわて～る】

サンタさんがプレゼントを落としてしまい、最後はみんなで踊る展開です。『あわてんぼうのサンタクロース』の歌になぞらえたストーリーですが、完全にマッチはしていません。歌を加えたりおはなしをアレンジしてお楽しみください。

色付きA／線画C　色付きB／線画D

型紙データは右の２つが必要です。それぞれカラーと線画があるので、お使いになる方をプリントアウトしてください（塗り絵を楽しみたいなら線画を）。

推奨サイズ	A3に拡大

作り方 p32を参照

方法 くわしい方法はp34をご覧ください

1 この面を見せます。

2 伸ばします。

3 たたんだら、新たな絵を見せます。

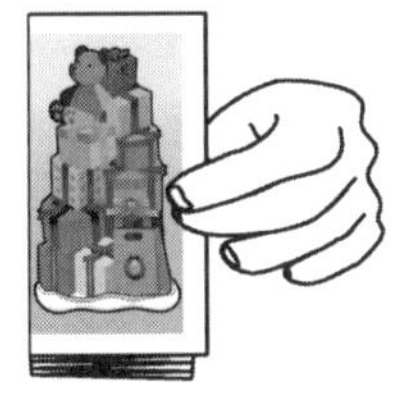

4 伸ばして、最後の変化をさせます。

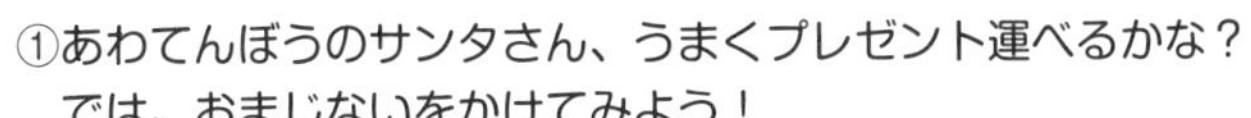

おはなしの例

①あわてんぼうのサンタさん、うまくプレゼント運べるかな？
　では、おまじないをかけてみよう！
（みんなで）「のびのび、のびのび、のっびーる！」
②あらら、プレゼント落としちゃった。何とかしなくちゃ！
③こうすると…プレゼントが集まりました。みんなで集めたのかな？
　ではもう一度おまじない！
（みんなで）「のびのび、のびのび、のっびーる！」
④なぜかお部屋でダンスしてるよ。早くプレゼント届けてね～。

1月 もちつき

【おもちがのび〜る】

ぞうさんが餅をつき、ラストではいろいろな餅の料理が現れます。「ぺったんぺったん♪」餅をつく動きと絵の展開が楽しい作品です。餅つきの童謡は多々ありますので、歌を演技の前か後に入れてもよいでしょう。

型紙データは右の２つが必要です。それぞれカラーと線画があるので、お使いになる方をプリントアウトしてください（塗り絵を楽しみたいなら線画を）。

推奨サイズ	A3に拡大

作り方 p32を参照

方法 くわしい方法はp34をご覧ください

色付きA ／線画C　色付きB ／線画D

1 この面を見せます。

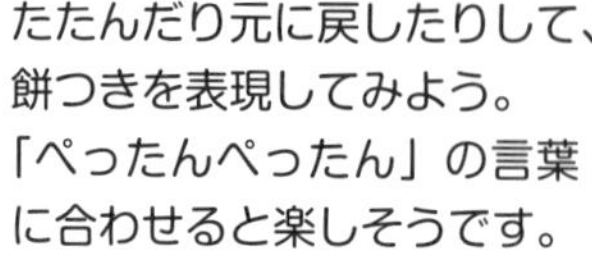

たたんだり元に戻したりして、餅つきを表現してみよう。「ぺったんぺったん」の言葉に合わせると楽しそうです。

2 伸ばします。

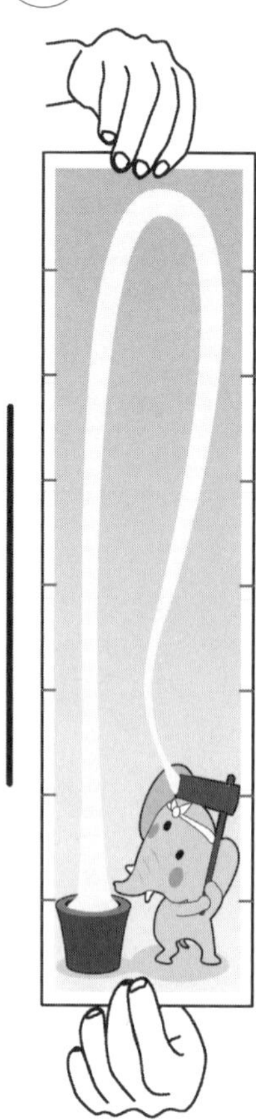

3 たたんだら、新たな絵を見せます。

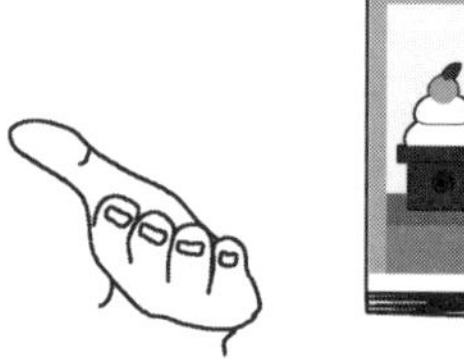

4 伸ばして、最後の変化をさせます。

おはなしの例

①ぞうさんが餅つきをしてるよ。「ぺったん、ぺったん」楽しそうだね。
　お餅は引っぱると、どうなるかな？　おまじないをかけてみよう！
（みんなで）「のびのび、のびのび、のっびーる！」
②お餅が伸びた〜。
③こうすると…鏡餅が出てきたよ。
　もう一度おまじないをかけてみようか！
（みんなで）「のびのび、のびのび、のっびーる！」
④わあ、いろいろ出てきたね！　いただきまーす。（おしるこ、わらび餅、磯辺焼き、お雑煮）

2月 まめまき

【鬼がにげ〜る】

豆をまいて「鬼は〜外、福は〜内」という展開が楽しい作品です。
内容も『まめまき』の歌にマッチしています。
演技の途中や、終わった後に歌ってもよいでしょう。

型紙データは右の２つが必要です。それぞれカラーと線画があるので、お使いになる方をプリントアウトしてください（塗り絵を楽しみたいなら線画を）。

推奨サイズ	A3に拡大

色付きA ／線画C　色付きB ／線画D

作り方 p32を参照

方法 くわしい方法はp34をご覧ください

1 この面を見せます。

2 伸ばします。

おまじないを工夫してみよう。
②で「のびのび、のびのび、鬼は〜外！」
③で「のびのび、のびのび、福は〜内！」など。

3 たたんだら、新たな絵を見せます。

4 伸ばして、最後の変化をさせます。

おはなしの例

①おややや？　鬼さんたちが押しかけてきたみたいだね！
　鬼さんを追い払うにはどうしたらいいかな？
（子ども）「豆をまく！」
　では、おまじないをかけてみよう！
（みんなで）「のびのび、のびのび、鬼は〜外！」
②豆をまいたら鬼さんが逃げたよ。
③こうすると…男の子がうれしそうだね。もう一度おまじないをかけてみようか！
（みんなで）「のびのび、のびのび、福は〜内！」
④福の神様が現れた！　よかったね〜。

スペシャルのび～る
ケーキ
【お祝いのケーキがのび～る】

〈スペシャルのび～る〉とは、月別の行事や童謡、お誕生会だけに縛られず、万能に使えるシリーズです。
お誕生日のケーキが大きくなり、最後にメッセージが現れます。メッセージ欄には好きなメッセージをどうぞ。クリスマス会でも使えますね。

型紙データは右の２つが必要です。それぞれカラーと線画があるので、お使いになる方をプリントアウトしてください（塗り絵を楽しみたいなら線画を）。

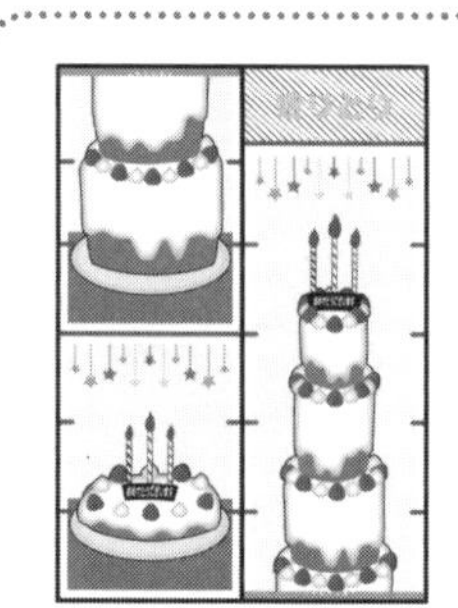

色付きA／線画C　色付きB／線画D

推奨サイズ	A3に拡大

※型紙の枠の中に好きなメッセージを直接書き込んでください。

作り方 p32を参照

方法 くわしい方法はp34をご覧ください

① この面を見せます。
② 伸ばします。
③ たたんだら、新たな絵を見せます。

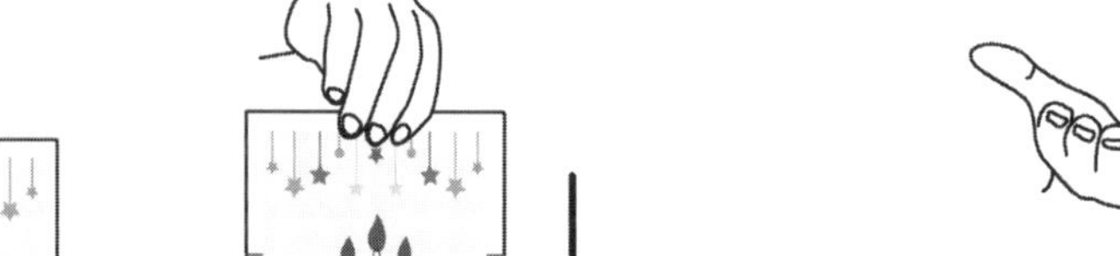

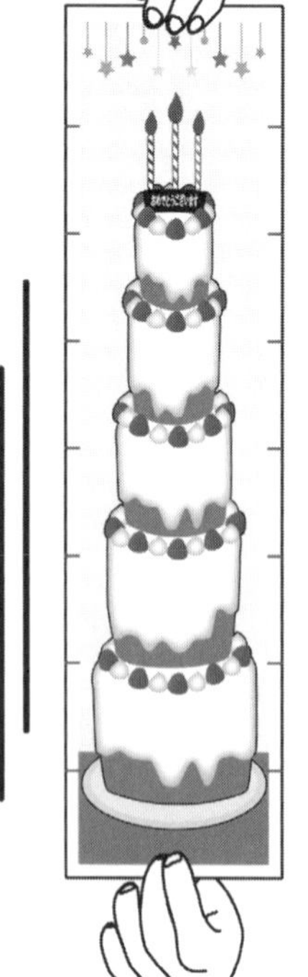

④ 伸ばして、最後の変化をさせます。

おはなしの例

①お祝いのケーキだよ。みんなで食べるには、もうちょっと大きいといいいな。
　では、おまじないをかけてみよう！
（みんなで）「のびのび、のびのび、のっびーる！」
②大きくなった！
③こうすると…うさぎさんとリスさんがクラッカーを持ってるよ。何か伝えたいみたい。もう一度おまじないをかけてみようか！
（みんなで）「のびのび、のびのび、のっびーる！」
④お誕生日おめでとう！

スペシャルのび〜る
虹

虹が大きく伸び、最後に太陽さんからのメッセージが現れます。
メッセージ欄にはお好きなメッセージをどうぞ！
あらゆる行事の出しものに応用できます。

【虹がのび〜る】

型紙データは右の２つが必要です。それぞれカラーと線画があるので、お使いになる方をプリントアウトしてください（塗り絵を楽しみたいなら線画を）。

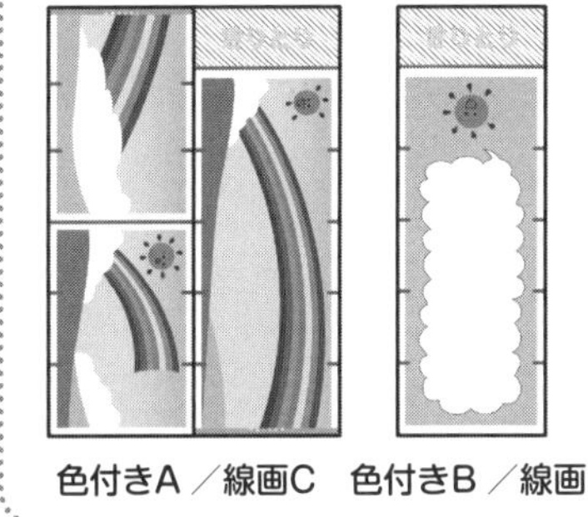

色付きA／線画C　色付きB／線画D

推奨サイズ	A3に拡大

※型紙の枠の中に好きなメッセージを直接書き込んでください。

作り方 p32を参照

方法 くわしい方法はp34をご覧ください

1 この面を見せます。

2 伸ばします。

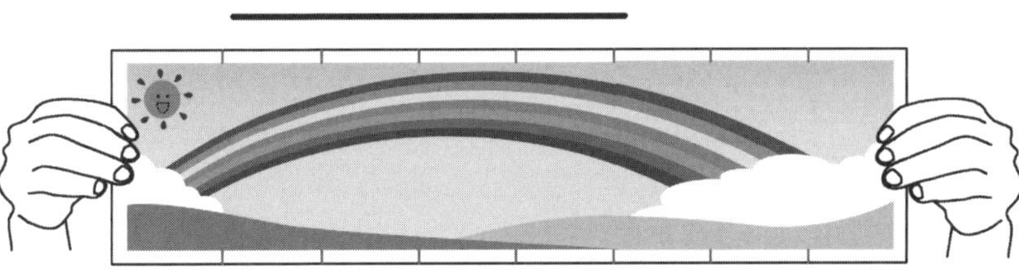

3 たたんだら、新たな絵を見せます。

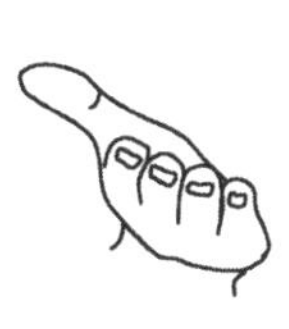

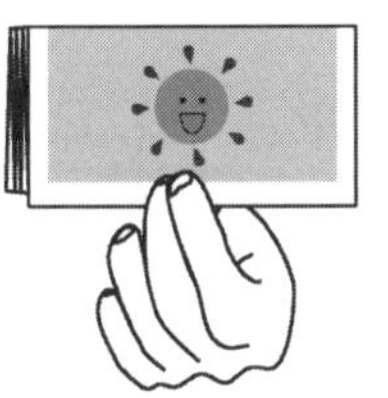

4 伸ばして、最後の変化をさせます。

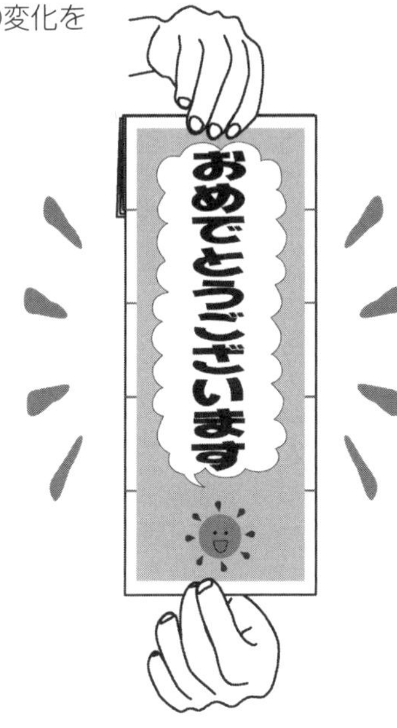

おはなしの例

①大きな虹が出てきたよ。太陽さんもいるね。でも虹がまだ途中みたい。大きな虹が見てみたいね！
　では、おまじないをかけてみよう！
（みんなで）「のびのび、のびのび、のっびーる！」
②虹が伸びたよ〜！
③こうすると…太陽さんからお知らせがあるみたい。もう一度おまじないをかけてみようか！
（みんなで）「のびのび、のびのび、のっびーる！」
④○○○ちゃん、おめでとうございます！

スペシャルのび～る
アコーディオン
【アコーディオンがのび～る】

アコーディオンが伸びて、最後に楽器を持った動物さんたちが現れます。演奏会の始まりかも？　お誕生会の歌の前に演じるといいですね。

型紙データは右の２つが必要です。それぞれカラーと線画があるので、お使いになる方をプリントアウトしてください（塗り絵を楽しみたいなら線画を）。

推奨サイズ	A3に拡大

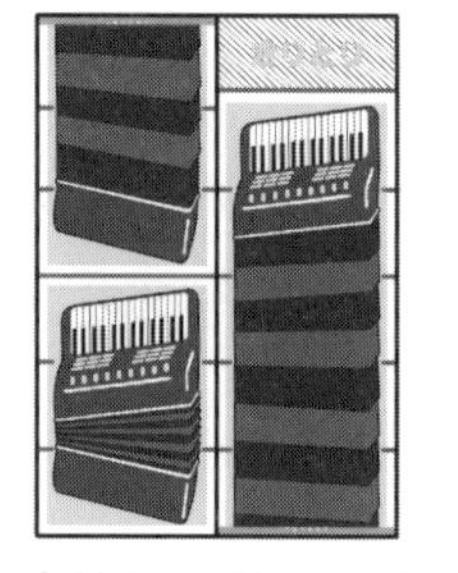
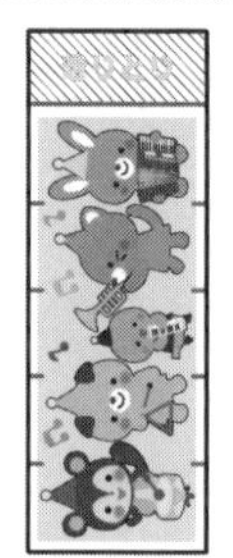
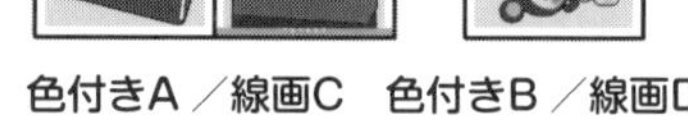

作り方
p32を参照

方法
くわしい方法はp34をご覧ください

1　この面を見せます。

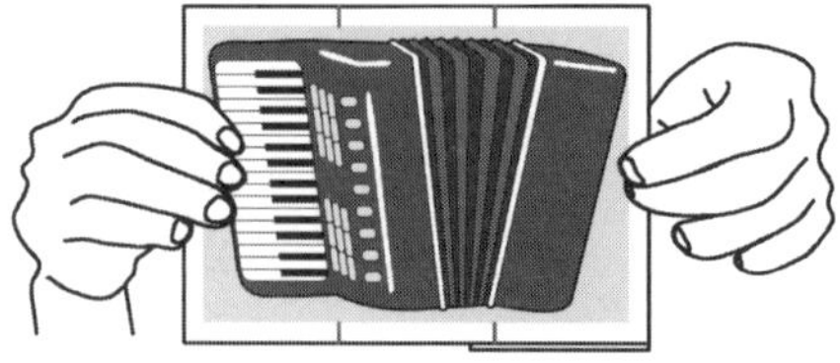

2　伸ばします。

3　たたんだら、新たな絵を見せます。

4　伸ばして、最後の変化をさせます。

おはなしの例

①アコーディオンで演奏をしてみよう。それではおまじない！
（みんなで）「のびのび、のびのび、のっびーる！」
②アコーディオンが伸びたよ～！
③こうすると…あれ？　うさぎさんが現れた。どうなるのかな？　もう一度おまじないをかけてみようか！
（みんなで）「のびのび、のびのび、のっびーる！」
④わぁ～！　みんな現れて、動物さんたちの演奏会だ！

スペシャルのび〜る

ふうせん

【風船が空にうか〜ぶ】

たくさんの風船が空に飛び立ち、最後は風船に「おたんじょうびおめでとう」のメッセージが現れます。かわいいうさぎさんとカラフルな風船は園児のお誕生会にピッタリです。

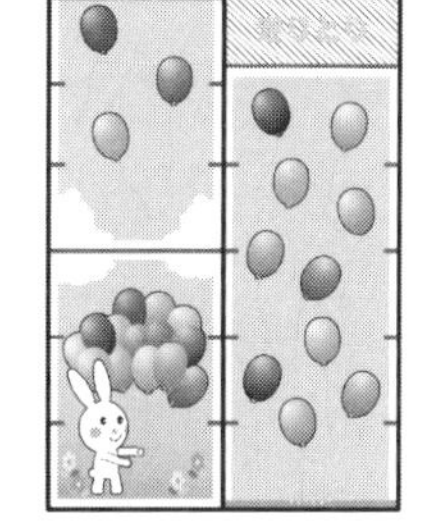
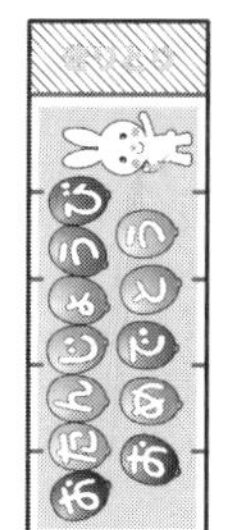

色付きA／線画C　色付きB／線画D

型紙データは右の2つが必要です。それぞれカラーと線画があるので、お使いになる方をプリントアウトしてください（塗り絵を楽しみたいなら線画を）。

推奨サイズ	A3に拡大

作り方 p32を参照

方法 くわしい方法はp34をご覧ください

1 この面を見せます。

2 伸ばします。

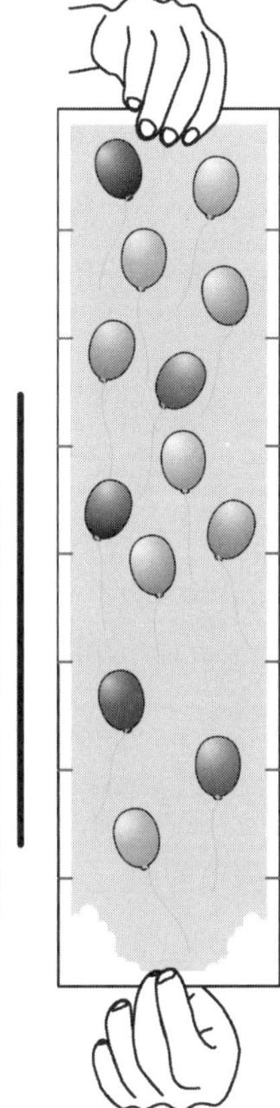

3 たたんだら、新たな絵を見せます。

4 伸ばして、最後の変化をさせます。

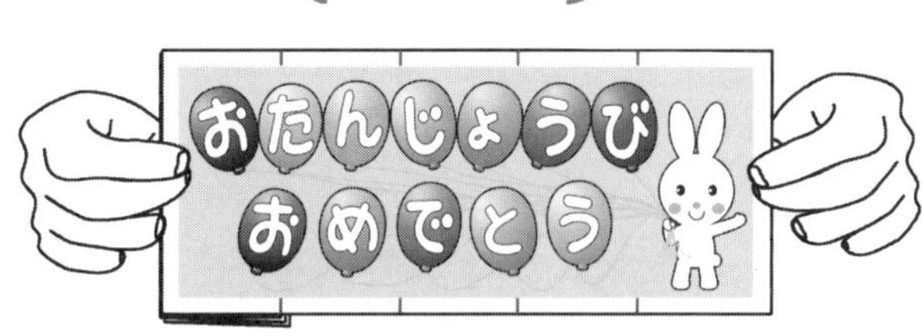

おはなしの例

①うさぎさんがたくさん風船を持っているね。何個あるのかな？　では、おまじないをかけてみよう！
（みんなで）「のびのび、のびのび、のっび一る！」
②お空にたくさん飛んでったよ〜！　うさぎさん、風船つかまえられるかな？
③こうすると…おや、うさぎさんが何か伝えたいみたい。もう一度おまじないをかけてみようか！
（みんなで）「のびのび、のびのび、のっび一る！」
④お誕生日おめでとう！

スペシャルのび～る 桜

【桜の木がのび～る】

桜の木が大きく伸び、最後はみんなでお花見の展開になります。
春の行事の出しものにも使えます！

型紙データは右の２つが必要です。それぞれカラーと線画があるので、お使いになる方をプリントアウトしてください（塗り絵を楽しみたいなら線画を）。

推奨サイズ	A3に拡大

色付きA ／線画C　色付きB ／線画D

作り方 p32を参照

方法 くわしい方法はp34をご覧ください

1 この面を見せます。

2 伸ばします。

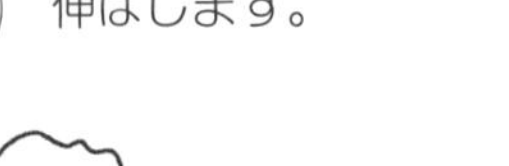

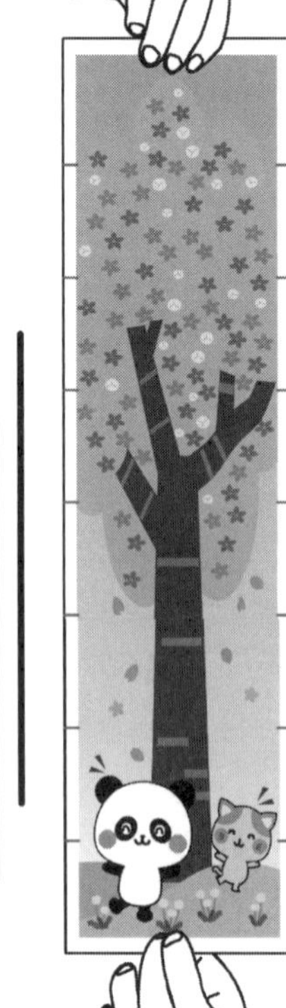

3 たたんだら、新たな絵を見せます。

4 伸ばして、最後の変化をさせます。

おはなしの例

①桜の木と動物さんがいるね。桜の木、早く大きくなるといいなあ。みんなでお花見が楽しみだね。
では、おまじないをかけてみよう！
（みんなで）「のびのび、のびのび、のっびーる！」
②桜の木が大きく伸びたー！
③こうすると…あれ？　何か食べているね。よく見てみよう。もう一度おまじないをかけるよ！
（みんなで）「のびのび、のびのび、のっびーる！」
④みんなでお花見だ～。楽しそうだね。

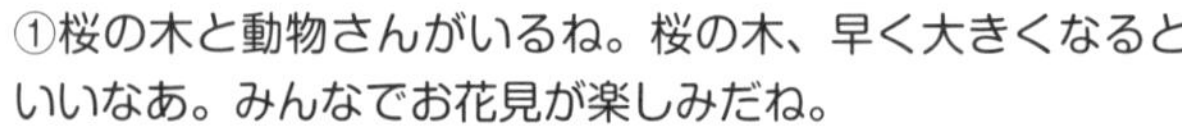

スペシャルのび～る 卒園

卒園式にみんなが集まる展開の、のび～るシアターです。
お誕生会とは別ですが、大切な行事の出しものに役立ちます！

【卒園のお友だちが並～ぶ】

型紙データは右の２つが必要です。それぞれカラーと線画があるので、お使いになる方をプリントアウトしてください（塗り絵を楽しみたいなら線画を）。

推奨サイズ	A3に拡大

色付きA／線画C　色付きB／線画D

作り方

p32を参照

方法

くわしい方法はp34をご覧ください

1 この面を見せます。

2 伸ばします。

3 たたんだら、新たな絵を見せます。

4 伸ばして、最後の変化をさせます。

おはなしの例

①あれ？　看板の裏にだれか隠れてるね。卒園式だよ、みんな集まって～。
　では、おまじないをかけてみよう！
（みんなで）「のびのび、のびのび、のっびーる！」
②みんな集まったね！
③こうすると…先生から皆さんにメッセージだよ。もう一度おまじないをかけてみようか！
（みんなで）「のびのび、のびのび、のっびーる！」
④みんな～、卒園おめでとうございます！

スペシャルのび～る
入園
【入園のお友だちが並～ぶ】

入園式にみんなが集まる展開の、のび～るシアターです。
お誕生会とは別ですが、これも春の大切な行事の出しものに役立ちます！

型紙データは右の２つが必要です。それぞれカラーと線画があるので、お使いになる方をプリントアウトしてください（塗り絵を楽しみたいなら線画を）。

推奨サイズ	A3に拡大

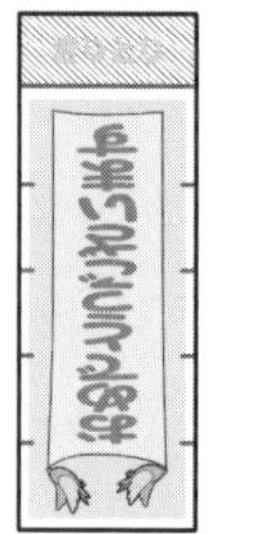

色付きA／線画C　色付きB／線画D

作り方 p32を参照

方法 くわしい方法はp34をご覧ください

1 この面を見せます。

2 伸ばします。

3 たたんだら、新たな絵を見せます。

4 伸ばして、最後の変化をさせます。

おはなしの例

①あれ？　布の裏にだれか隠れてるね。入園式だよ、みんな出ておいで！
　では、おまじないをかけてみよう！
（みんなで）「のびのび、のびのび、のっびーる！」
②みんな出てきた！　入園式だね。
③こうすると…先生から皆さんにメッセージだよ。もう一度おまじないをかけてみようか！
（みんなで）「のびのび、のびのび、のっびーる！」
④みんな～、入園おめでとうございます！

歌あそび のび〜るソングシアター

もうすぐお誕生会。何をやろうかな？
童謡のように「歌を楽しめるもの」、マジックのように「見ても楽しめるもの」
「これらが合わさって、やさしくできるものはないかな？」
そんな時は、この〈歌あそびのび〜るソングシアター〉です！
歌に合わせて紙の折りを変えていくと、
歌詞に伴ってイラストが意外な展開（のびのび）をしていきます。
用意するのは片面プリントした型紙１枚のみ。これを３回折るだけです。
以前出版した『おり紙歌あそびソングシアター』の
傑作『むすんでひらいて』は、保育から高齢者の現場まで、
なぜこんなにウケるのか？と思うほど完成されています。
この章では『むすんでひらいて』を含む４作品を紹介します。
これだけでも、あらゆる出しものに困ることはありません。
ぜひぜひお試しください！

型紙・作り方・準備 まとめて紹介！

型紙データはカラーと線画の２種類。お使いになる方をプリントアウトしてください（塗り絵を楽しみたいなら線画を）。

推奨サイズ	A4またはA3に拡大

それぞれ折り線に沿って折れば完成です。

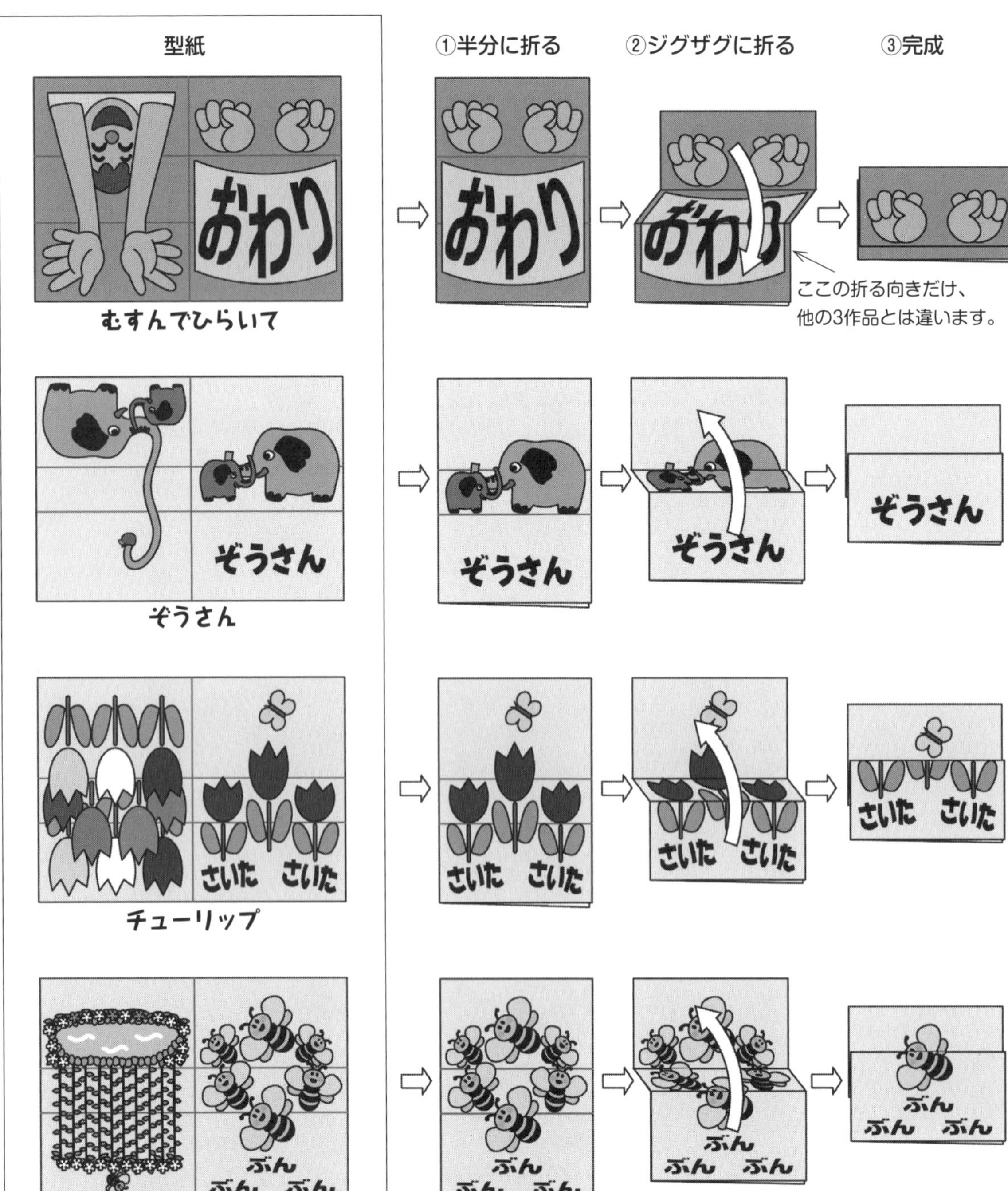

むすんでひらいて

作詞／不詳

歌詞に沿って展開していきます。この曲は
手あそびでもおなじみですが、手が伸びるところで
特に盛り上がります。
笑いと驚きのある展開が魅力です。

方法 **作り方・準備はp56をご覧ください** 『むすんでひらいて』の歌に合わせて展開していきます。

1 図のように見せます。

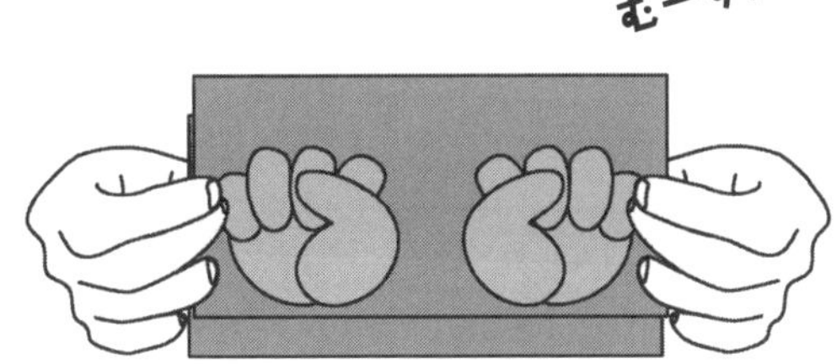

2 縦に反転させます。

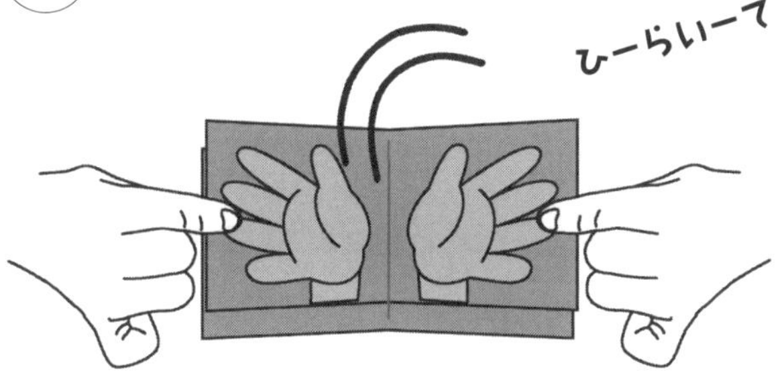

3 手のひらの絵を合わせるようにして、

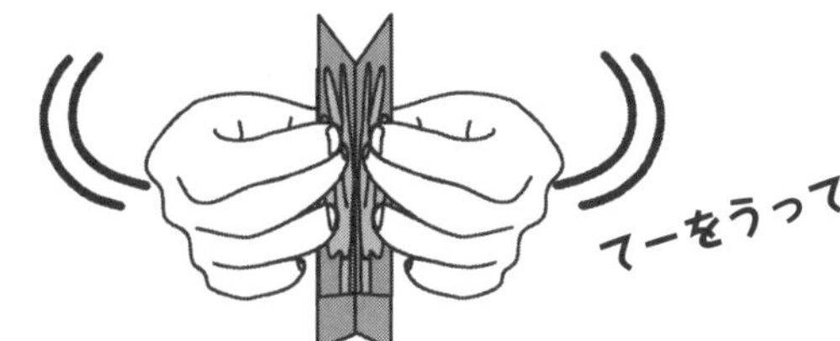

4 元に戻します。

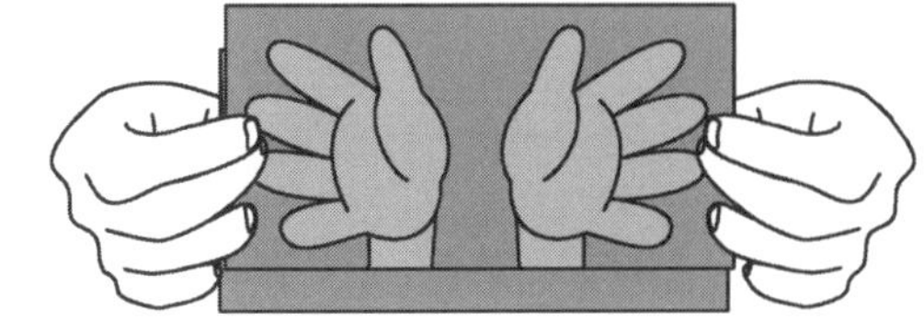

5 縦に反転させます。

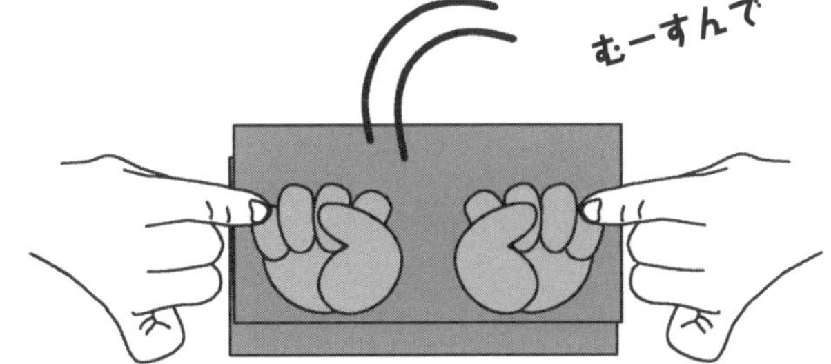

6 縦に反転させます。

7 手のひらの絵を合わせるようにして、

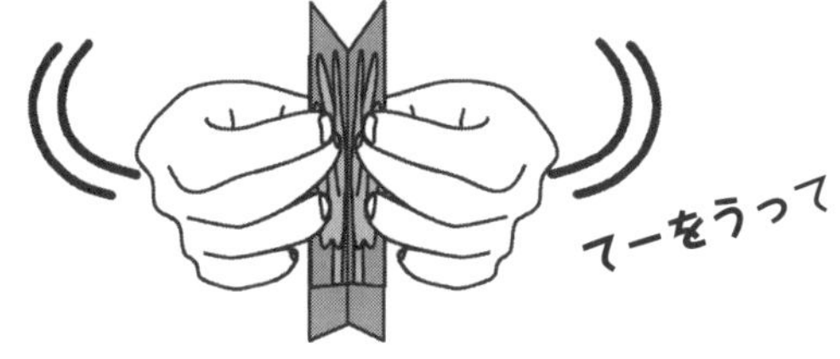

8 元に戻します。

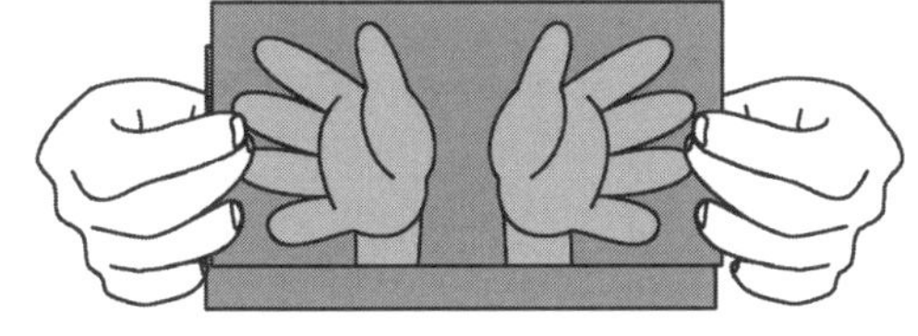

9 両手を上と下に持ち分け、

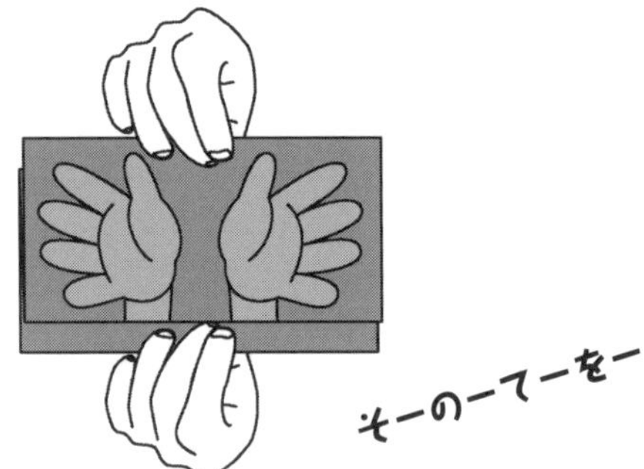

10 全体を縦に伸ばします。

11 元にたたんで、

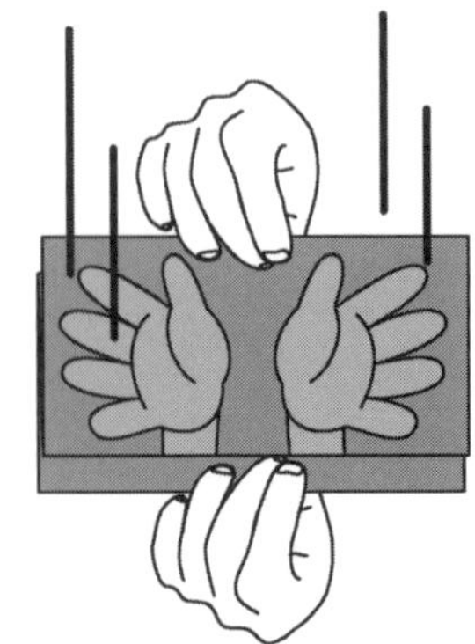

12 縦に反転させます。

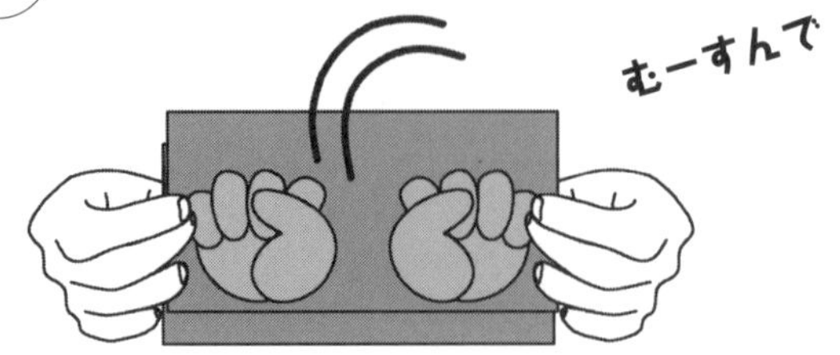

13 縦に反転させます。

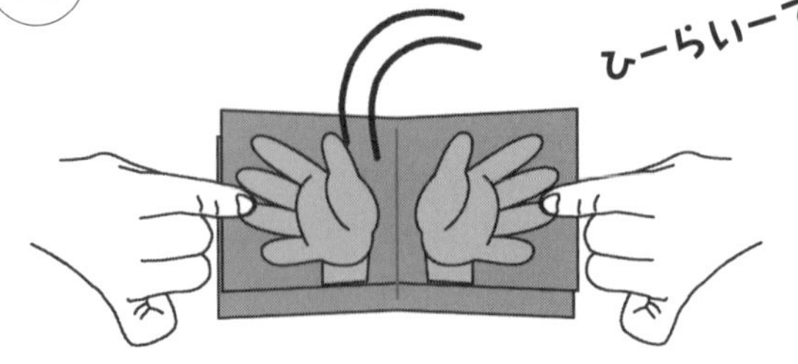

14 手のひらの絵を合わせるようにして、

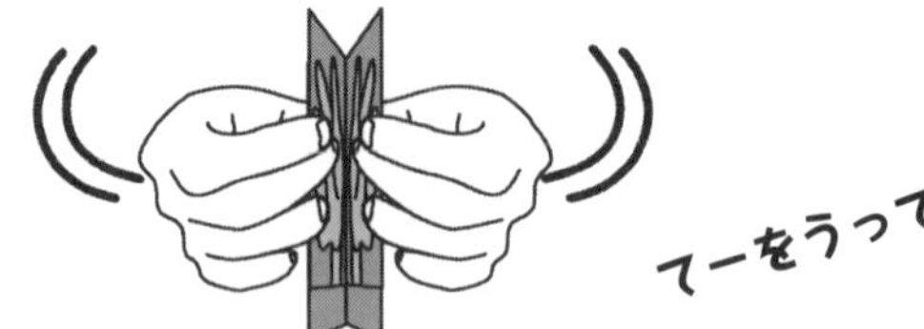

15 元に戻します。

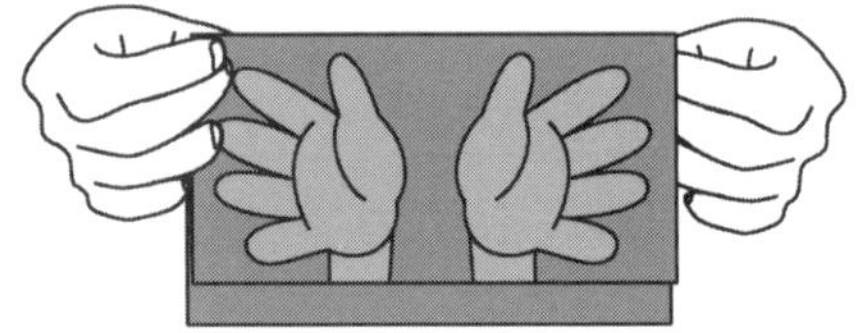

次の⑯に備えて、図のように持ち変えるとよい。

16 紙（手のひらの絵）を下ろし「おわり」の字を見せます。

作詞／まど・みちお

歌詞に沿って展開していきます。歌も展開もやさしいので、初めての方にもおススメです。最後は意外なほど鼻が伸びます。

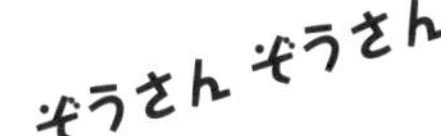

作り方・準備はp56をご覧ください

『ぞうさん』の歌に合わせて展開していきます。

1 図のように見せます。

3 元に戻します。

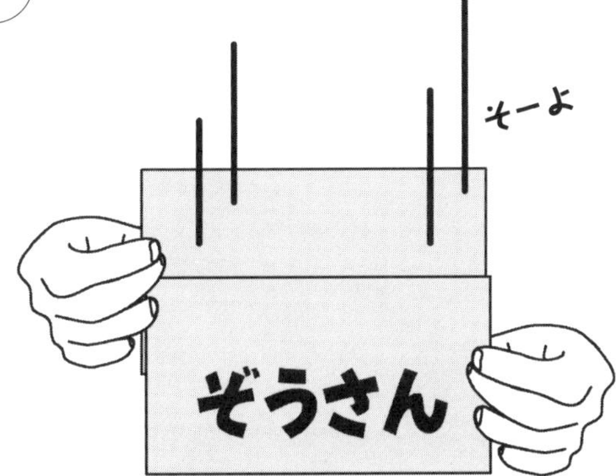

5 全体を縦に伸ばします。

2 全体を縦に伸ばします。

4 縦に反転させます。

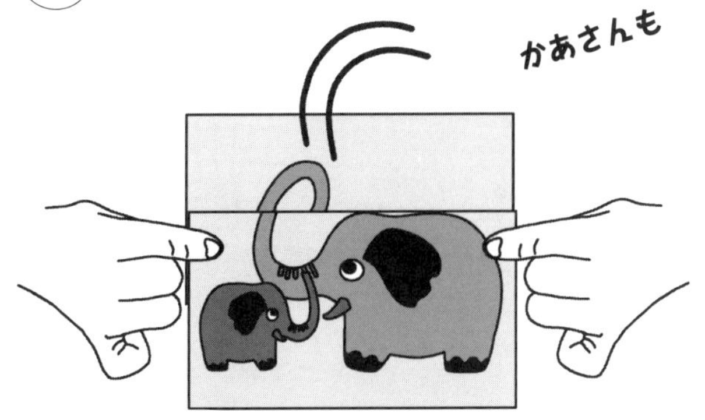

歌あそびのび～るソングシアター

チューリップ

作詞／近藤宮子

歌詞に沿って展開していきます。
チューリップが伸びて花が咲く個所が見どころです。
最後はたくさんの花が現れます。

方法 作り方・準備はp56をご覧ください　『チューリップ』の歌に合わせて展開していきます。

1 図のように見せます。

2 全体を縦に伸ばします。

3 元に戻します。

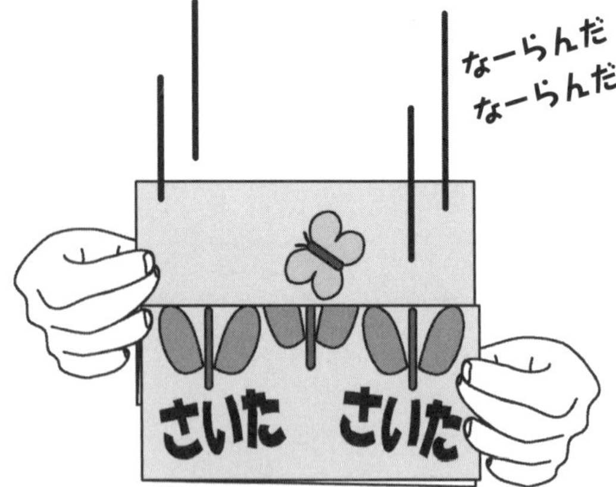

4 縦に反転させます。

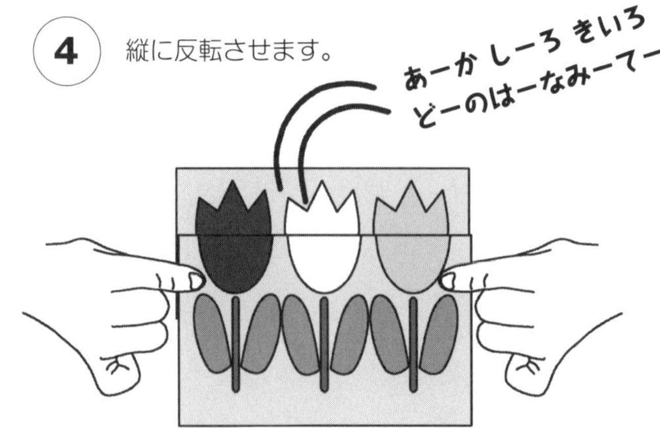

5 全体を縦に伸ばします。

ぶんぶんぶん

作詞／村野四郎

歌詞に沿って展開していきます。
野ばらが伸びるところはユニークさがありますが、
最後にたくさんのハチが現れるところは、
驚くほどビジュアルです。

方法 作り方・準備はp56をご覧ください

『ぶんぶんぶん』の歌に合わせて展開していきます。

1 図のように見せます。

ぶんぶんぶん
はちがとぶー

2 縦に反転させます。

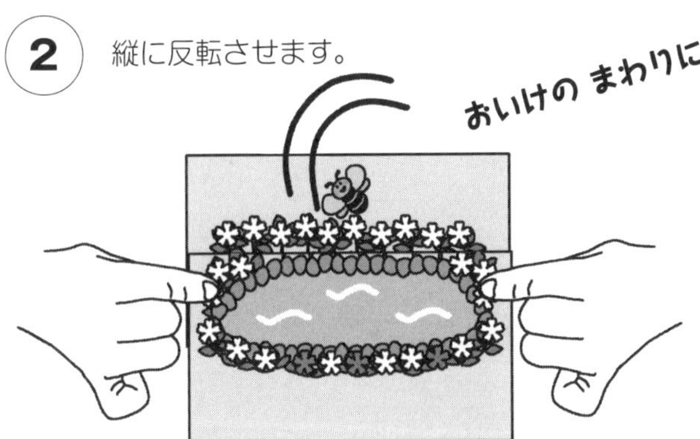

おいけの まわりに

3 全体を縦に伸ばします。

のばらがさいたよ

4 元に戻します。

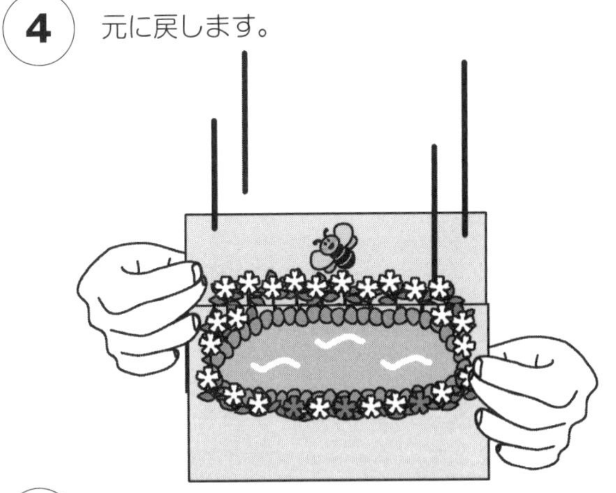

5 縦に反転させます。

ぶんぶんぶん

6 全体を縦に伸ばします。

はちがとぶー

おまけ　のび～るマジック

のび～るシアターの表現や種類は豊富。
最後は紙を使わない身近なものに挑戦してみよう！
うまくできたらみんな驚くぞ～。

ハンカチがのび～る

ハンカチを両手で引っぱると…
少しずつハンカチが伸びていきます！

準備

バンダナか大きめの木綿のハンカチ（一辺約50cm）を用意し、以下のようにたたんでおきます。

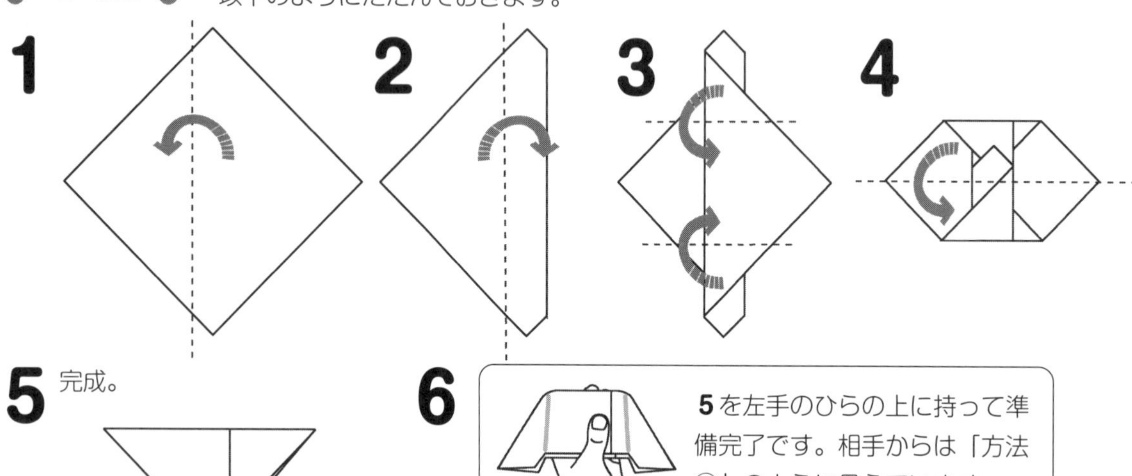

5 を左手のひらの上に持って準備完了です。相手からは「方法①」のように見えています。

方法

① 図のようにハンカチを見せます。

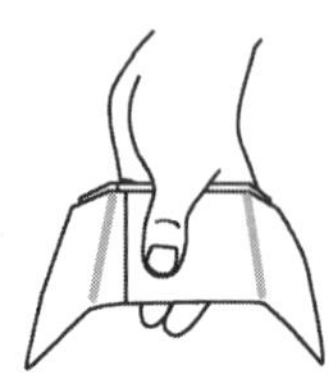

② 手のひらを下向きに返し、右手もハンカチを上から握ります。

③ 両手を縄跳びのように「回しては、次に少し左右に引っぱる」を繰り返します。

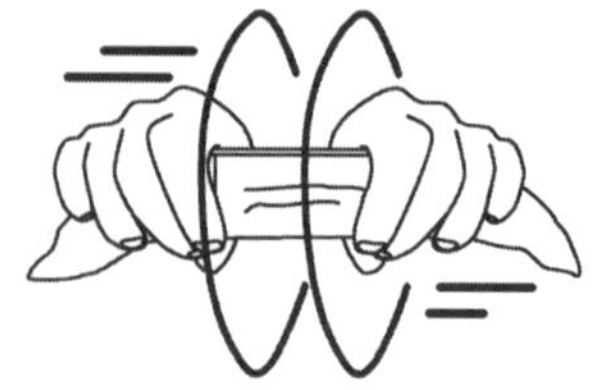

④ ③を繰り返し、徐々に伸ばしていきます。

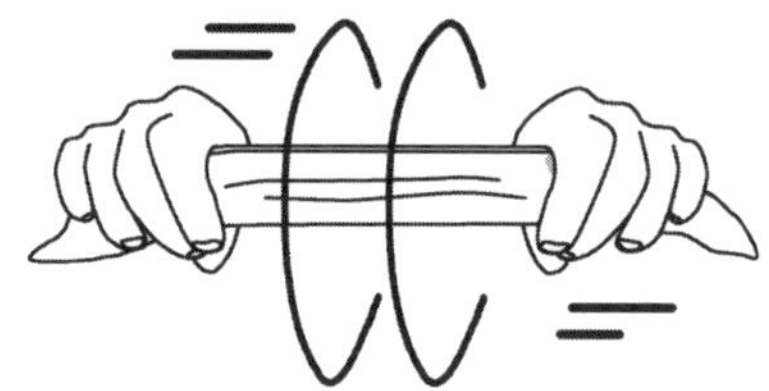

⑤ 最後は、ハンカチを持てるギリギリのところまでずらしていき、伸びた印象を最大に強めます。

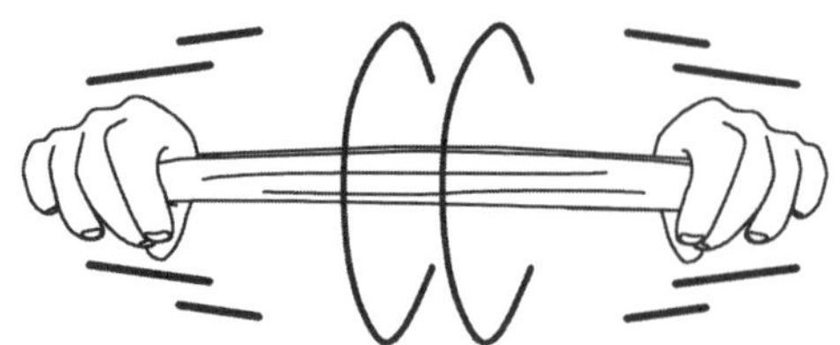

ストローがのび〜る

短いストローを両手のひらでこすり合わせると…なんとニョキーンと伸びてしまいます！

準備

２本のプラスチック製ストロー（AとB）、ハサミを用意して、以下のように準備します。

1

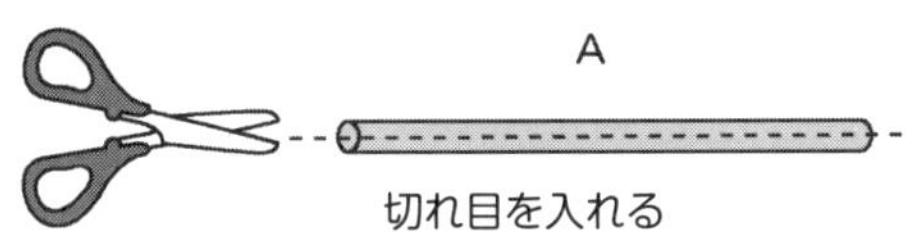

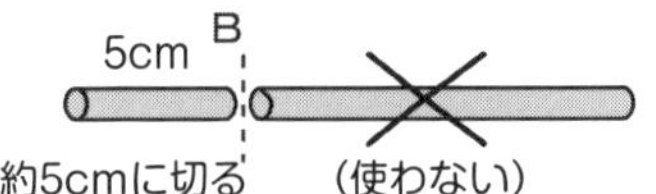

2

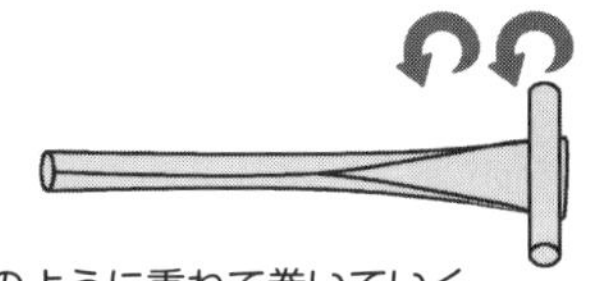

AとBを図のように重ねて巻いていく。

3 巻いたストローの部分を隠して指先に持ち準備完了です。相手からは「方法①」のように見えています。できるだけ演技の直前に準備します。

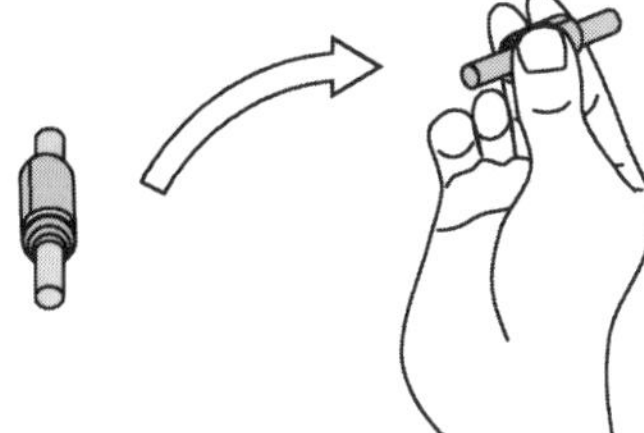

方法

1 短いストローを見せます。

2 左手のひらにつけて示します。

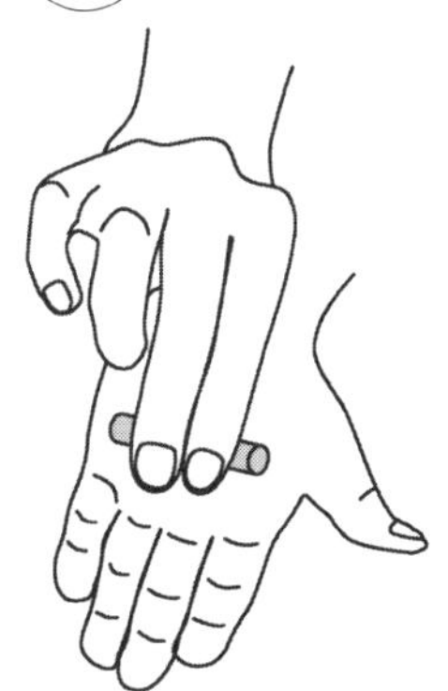

3 両手のひらを合わせ、手の間に空間を作りながら、こすり合わせます。

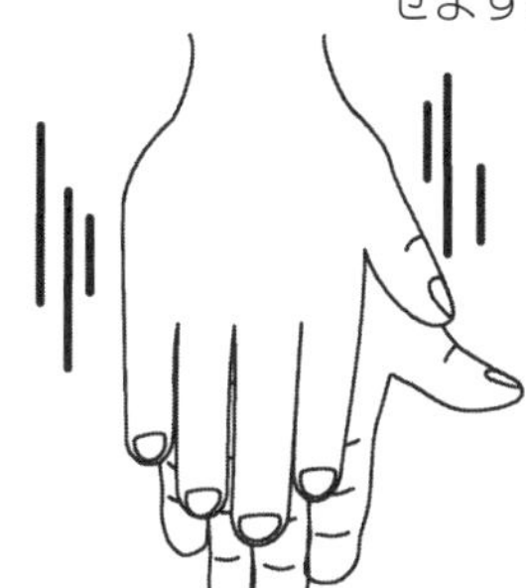

空間ができるように手を合わせる。

4 すると仕込んだストローが広がって図のように現れます。

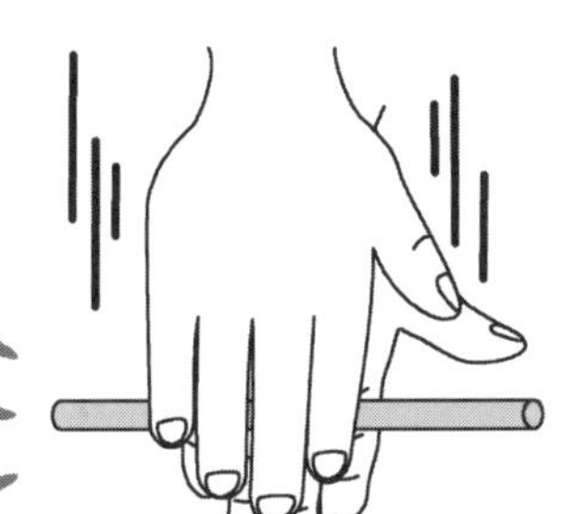

手でこすり合わせていると、小さなストローは伸びたストローの中に入り込む。

5 図のように、伸びたストロー全体を見せます。

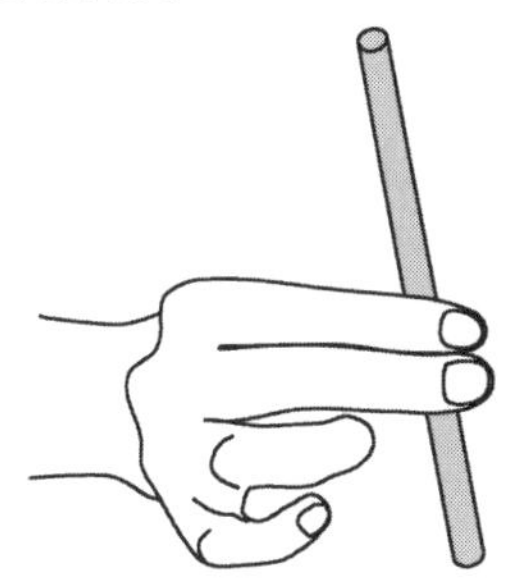

プロフィール　**藤原邦恭**（ふじわら　くにやす）

幼少よりマジシャンにあこがれ、1992年「プロマジッククリエイター」として始動。以来マジック考案を軸に、多彩な分野に活動の場を広げる。保育においては「手品あそび作家」として書籍や公演にて藤原ワールドを展開中。本書および〈のび～るシアター〉関連では「のびのび博士」として登場。

【著書】

『のび～るシアター』『おり紙マジックシアター』『おり紙歌あそびソングシアター』『おり紙マジックワンダーランド』『子どもと楽しむ10秒マジック』『まるごとキッズマジック大集合BOOK』『100円ショップでどきどきマジック』（いかだ社）、『お誕生会を変える！保育きらきらマジック』（世界文化社）など多数。

【付属 CD-ROM について】

付属 CD-ROM には、フォルダ別に JPEG データと PDF データが入っています。ご自宅のパソコン環境に合わせて、使いやすいものをご利用ください。

※通常 CD-ROM をパソコンにセットすると「自動再生ウィンドウ」が表示されます。表示されない場合は、「コンピューター」から「CD/DVD ドライブ」をクリックしてください。

【館外貸出可能】
※本書に付属のCD-ROMは、図書館およびそれに準ずる施設においての館外への貸出を行うことができます。

ご注意

■お使いのプリンタやプリンタドライバ等の設定により、色調が変化する可能性があります。
■本書付属 CD-ROM を使用したことにより生じた損害、障害、その他あらゆる事態に小社は一切責任を負いません。
■本書付属 CD-ROM を著作権法上著作者の許諾なく、ＣＤや、その他記録メディアにコピーすることを禁止します。

CD-ROM取扱い上の注意

■付属のディスクは「CD-ROM」です。一般オーディオプレーヤーでは絶対に再生しないでください。パソコンのCD-ROMドライブでのみご使用ください。
■ディスクの裏面に指紋、汚れ、キズ等を付けないように取り扱ってください。また、ひび割れや変形、接着剤等で補修したディスクは、危険ですから絶対に使用しないでください。
■直射日光の当たる場所や、高温・多湿の場所には保管しないでください。

撮影協力●ぺる／真優　イラスト●桜木恵美／藤原邦恭（作り方・方法他）
撮影●赤司 聡　本文DTP●渡辺美知子デザイン室

のび～るシアター　ハッピーお誕生会12か月【CD-ROM付】

2021年2月14日　第１刷発行

著　者●藤原邦恭Ⓒ
発行人●新沼光太郎
発行所●株式会社いかだ社
〒102-0072東京都千代田区飯田橋2-4-10加島ビル
Tel.03-3234-5365　Fax.03-3234-5308
E-mail　info@ikadasha.jp
ホームページURL　http://www.ikadasha.jp
振替・00130-2-572993

印刷・製本　モリモト印刷株式会社
日本音楽著作権協会（出）許諾第2007643-001号
乱丁・落丁の場合はお取り換えいたします。
Printed in Japan　ISBN978-4-87051-527-7